KfW-Publikationen zu Gründung und Mittelstand

Reihenherausgeber: KfW Bankengruppe

KfW Bankengruppe
Herausgeber

Chefinnensache

Frauen in der unternehmerischen Praxis

Mit 26 Abbildungen
und 11 Tabellen

Springer-Verlag Berlin
Heidelberg GmbH

KfW Bankengruppe
Palmengartenstraße 5–9
60325 Frankfurt am Main
www.kfw.de

Ansprechpartnerin:
Margarita V. Tchouvakhina
KfW Bankengruppe
Niederlassung Bonn
Ludwig-Erhard-Platz 1–3
53179 Bonn
margarita.tchouvakhina@kfw.de

ISSN 1613-0820
ISBN 978-3-642-62153-6   ISBN 978-3-7908-2653-1 (eBook)
DOI 10.1007/978-3-7908-2653-1

Bibliografische Information Der Deutschen Bibliothek
Die Deutsche Bibliothek verzeichnet diese Publikation in der Deutschen Nationalbibliogra-
fie; detaillierte bibliografische Daten sind im Internet über <http://dnb.ddb.de> abrufbar.

springer.de

© Springer-Verlag Berlin Heidelberg 2004
Ursprünglich erschienen bei Physica-Verlag Heidelberg 2004
Softcover reprint of the hardcover 1st edition 2004

Umschlaggestaltung: Erich Kirchner, Heidelberg

SPIN 10969007   88/3130/DK-5 4 3 2 1 0 – Gedruckt auf säurefreiem Papier

Geleitwort

In Deutschland gibt es mehr als drei Millionen Unternehmen. Ein Drittel dieser Unternehmen befindet sich in der Hand von Frauen: Unternehmerinnen sind ein sehr wichtiger Wirtschaftsfaktor für die Bundesrepublik Deutschland.

Schaut man nicht nur auf die Frauen, die bereits ein eigenes Unternehmen führen, sondern auch auf diejenigen, die dabei sind, den Schritt in die Selbstständigkeit zu wagen und ihre eigene Firma zu gründen, so werden die Zahlen noch eindringlicher: Die Gründungen von Frauen entwickeln sich weitaus dynamischer als die von Männern – ihre Bedeutung für die Wirtschaft wird also noch zunehmen.

Vergleicht man aber den Anteil von Frauen an Gründungen in Deutschland mit dem in anderen Ländern, so z. B. den USA, so schneidet Deutschland weniger gut ab: Während in den USA einer Gründerin 1,6 Gründer gegenüberstehen, kommen in Deutschland auf eine Gründerin 2,1 Gründer. Das Potenzial an Gründerinnen in Deutschland ist also bei weitem noch nicht ausgeschöpft.

Der Global Entrepreneurship Monitor zeigt seit Jahren, dass gründungsstarke Staaten einen hohen Anteil an Gründerinnen aufweisen: Die Gründungsdynamik eines Landes und die Beteiligung von Frauen an Gründungen hängen positiv zusammen. Schon allein aus diesem Grund ist anzustreben, mehr Frauen für die Aufnahme einer selbstständigen Tätigkeit zu gewinnen.

Die KfW fordert eine Entwicklung hin zu einer stärkeren Beteiligung von Frauen an der Selbstständigkeit. Deshalb wurden mit Programmen wie dem „Mikro-Darlehen" oder dem „StartGeld" Förderinstrumente aufgelegt, die durch ihre Ausgestaltung das Gründungsverhalten von Frauen besonders berücksichtigen. So sind z. B. beide Programme auf Klein(st)gründungen ausgerichtet, die häufiger von Frauen realisiert werden. Auch die 80 %ige Haftungsfreistellung kommt Unternehmerinnen zugute, da diese öfter über wenig Eigenkapital und Sicherheiten verfügen. Dass die beiden Programme von Frauen angenommen werden, zeigt ihre überdurchschnittliche Inanspruchnahme durch Gründerinnen.

Zusätzlich möchte die KfW durch ihr Engagement in der Gründungsforschung die wissenschaftliche Grundlage stärken, die eine wirtschafts-
politisch effektive Begleitung dieser Entwicklung ermöglicht. Auf diesem
Fundament können Anreize für eine stärkere Beteiligung von Frauen an
Gründungen und damit für eine höhere Gründungsdynamik gestaltet
werden. Zu einer wissenschaftlich fundierten Basis über die Selbstständigkeit von Frauen soll dieses Buch einen Beitrag leisten.

Die Beiträge für die Publikation entstanden im Rahmen der Arbeit der
Deutschen Ausgleichsbank (DtA), so dass sich im Text Verweise auf die
DtA finden. Diese Veröffentlichung dokumentiert auf diese Weise auch
eindrucksvoll, dass die Aktivitäten der DtA nach der Fusion mit der KfW
weitergeführt und intensiviert werden.

Norbert Irsch, Chef-Volkswirt der KfW

Inhaltsverzeichnis

3   Gründungsverhalten von Frauen im Spiegel des DtA-Gründungsmonitors.. 71

Nicole Lehnert

4   Gründungsbesonderheiten von Frauen – Ergebnisse einer qualitativen Studie 83

Margarita V. Tchouvakhina

5   Personale Merkmale unternehmerischer Tätigkeit im Geschlechtsvergleich

5   Personale Merkmale unternehmerischer Tätigkeit

Ulf Kieschke

1 Selbstständige Frauen in Deutschland: Umfang, Entwicklung und Profil

René Leicht, Maria Lauxen-Ulbrich und Robert Strohmeyer

1.1 Einleitung

Frauen mag vielleicht die Hälfte des Himmels gehören, doch in vielen wichtigen Bereichen des gesellschaftlichen und wirtschaftlichen Lebens sind Frauen noch immer stark unterrepräsentiert. Dazu gehört, dass Frauen weit weniger häufig als Männer ein Unternehmen gründen und führen. Der geringe Anteil von Frauen an den beruflich Selbstständigen ist ein international beobachtbares Phänomen (Lohmann 2001, OECD 1998) und kommt – wie im folgenden noch aufgezeigt wird – auch in Deutschland klar zur Geltung. Doch trotz der Geschlechterdisparitäten hat sich die Gründungs- und Selbstständigenforschung lange Zeit in vergleichsweise bescheidenem Umfang dem Thema „Frauen" angenommen.

Zwar gibt es reichlich Literatur mit dem Fokus auf Beratung oder auch qualitativ angelegte Fallstudien über Gründerinnen, doch mangelte es in Deutschland vor allem an empirischen Studien auf Grundlage von aktuellen und gleichzeitig repräsentativen Daten, die eine detaillierte Sicht der Struktur und Entwicklung von selbstständigen Frauen geben. Zu den wenigen neueren Studien, die für Deutschland eine Gesamtsicht bieten[1] gehörten bislang bspw. Untersuchungen mit Daten über geförderte Gründungen (Tchouvakhina 2001) oder Arbeiten, in denen Geschlechteraspekte nicht explizit im Mittelpunkt stehen (z.B. Sternberg und Bergmann 2002). Daher wurde vom Bundesministerium für Bildung und Forschung eine Studie über Gründerinnen und selbstständige Frauen in Auftrag gegeben,[2] aus der

---

[1] Einige Studien, wie etwa die von Jungbauer-Gans (1993) oder Döbler, (1998) sind entweder älteren Datums oder auf Regionen begrenzt.

[2] Diese Untersuchung wurde vom Institut für Mittelstandsforschung der Universität Mannheim (ifm) gemeinsam mit dem Rheinisch-Westfälischen Institut für Wirtschaftsforschung (RWI) durchgeführt.

einzelne Ergebnisse vorliegen (siehe unter anderem, Lauxen-Ulbrich und Leicht 2002, Fehrenbach und Leicht 2002, Welter et al. 2002).

In diesem Beitrag werden nach einem kurzen und ausschnittartigen Exkurs auf die Forschungsdebatte (Kapitel 1.2) und einer Beschreibung der anschließend verwendeten Daten (Kapitel 1.3) einige ausgewählte Projektbefunde dargestellt. Dazu erfolgt zunächst ein Überblick zur Bedeutung und Entwicklung beruflicher Selbstständigkeit von Frauen (Kapitel 1.4). In Kapitel 1.5 wird auf das wirtschaftliche Tätigkeitsprofil selbstständiger Frauen und die Implikationen beruflicher Segregation eingegangen. Kapitel 1.6 befasst sich mit dem Einfluss von Bildung auf das Gründungsgeschehen und der Entwicklung von selbstständigen Akademikerinnen. In Kapitel 1.7 werden schließlich einige Befunde nochmals zusammengefasst.

1.2 Geschlechterunterschiede in der Selbstständigkeit

1.2.1 Entwicklung in internationaler Perspektive

Soweit auf internationaler Ebene Daten über Selbstständige geschlechterdifferenzierend aufbereitet wurden, lassen sich zweierlei Beobachtungen machen: Zum einen klafft das Niveau beruflicher Selbstständigkeit von Frauen und Männer weit auseinander, doch zum anderen nimmt die Zahl selbstständiger Frauen zu (Lohmann 2001, OECD 2000). Eine im Vergleich zu selbstständigen Männern prozentual deutlich stärkere Zunahme bei den Frauen setzte in vielen Staaten bereits in den 1980er Jahren ein (Sternberg et al. 2001, Rudolph und Welter 2000, OECD 2000). In jüngerer Zeit wurde vor allem in Australien, Kanada sowie in den USA ein kräftiger Schub an Gründerinnen registriert.

Die hohen Zuwachsraten unter selbstständigen Frauen kennzeichnen einen Aufholprozess von deutlich niedrigem Niveau und lenken teils von der Tatsache ab, dass Frauen in den meisten Ländern nach wie vor lediglich rund ein Viertel bis gut ein Drittel der Selbstständigen stellen – obwohl der Frauenanteil an den Erwerbstätigen insgesamt in vielen Staaten zwischenzeitlich auf fast die Hälfte gestiegen ist (McManus 2001, Lohmann und Luber 2000). In länderdifferenzierender Betrachtung zeigt sich, dass Frauen nur in wenigen Regionen, wie etwa in Nordamerika, inzwischen mehr als ein Drittel der Selbstständigen ausmachen, während sie bspw. in den meisten südeuropäischen Staaten oder in Irland kaum mehr als ein Fünftel der Selbstständigen repräsentieren.[3] Ein „gender gap" in der beruflichen Selbstständigkeit zeigt sich auch anhand der geschlechtsspezifischen Selbstständigenquote: Im OECD-Durchschnitt insgesamt ist die Wahrscheinlichkeit, dass sich eine Frau selbstständig macht lediglich halb so hoch wie bei Männern.

Trotz des „Gründerinnenbooms" hat sich unter Frauen die Selbstständigenquote bzw. die Neigung zur unternehmerischen Tätigkeit in den meisten Ländern im Zeitverlauf nur geringfügig erhöht. Dies liegt teilweise daran, dass der Zuwachs an selbstständigen Frauen weitgehend parallel zum Anstieg der Erwerbsbeteiligung von Frauen insgesamt verlief (Lohmann und Luber 2000, Pfau-Effinger 2000). So betrachtet bleibt die geringe Präsenz von Frauen unter den Selbstständigen noch immer ein auffälliges Phänomen in der geschlechtersensiblen Arbeitsmarkt- und Gründungsforschung, welches nach Beschreibung und ggf. Erklärungen verlangt.

1.2.2 Unterschiede in Charakteristika und Performance

Neben den Geschlechterdifferenzen im Umfang unternehmerischer Betätigung werden in der Forschungslandschaft auch Diskrepanzen diskutiert, die in Bezug auf die Charakteristika und Leistungsfähigkeit von „Frauen- und Männerbetrieben" beobachtet werden. Hier ergibt sich ein kontroverses, und mit Blick auf die „Frauenbetriebe" teils auch defizitäres Bild: Während manche Untersuchungen nur wenige Performance- oder Erfolgsunterschiede zwischen Frauen- und Männerbetrieben attestieren (z.B. Brush und Hisrich 2000, Kalleberg und Leicht 1991) kommen andere Untersuchungen zu dem Ergebnis, dass die von Frauen geführten Betriebe zumindest gemessen an Beschäftigtenzahl, Umsatz und Kapitaleinsatz eher kleiner und zudem jünger sowie eher Einzelunternehmen sind (Fehrenbach und Leicht 2002, Tchouvakhina 2001, Wießner 2001, Du Rietz und Henrekson 2000, Brüderl und Preisendörfer 1998, Ziegerer 1993).

Ferner gehen einige Autoren davon aus, dass das unternehmerische Engagement selbstständiger Frauen häufig auf einem zeitlich geringeren Arbeitseinsatz und oft auf dem Versuch beruht, Familie und Beruf in Einklang zu bringen (McManus 2001, Brush und Hisrich 1999). Da verwundert nicht, dass das Gros der Befunde geringere Einkommen als bei männlichen Selbstständigen konstatiert (Jungbauer-Gans 1999, Arum

---

[3] Durchschnittliche Werte für den Zeitraum 1990-1997 (OECD 2000).

1997, Devine 1994). Einige Ergebnisse weisen ohnehin auf teils prekäre selbstständige Beschäftigungsformen unter Frauen hin (Kim und Kurz 2001, Arum 1997) oder zeigen auf, dass ihre Betriebe geringere Überlebenschancen haben. Weniger eindeutig sind die Erkenntnisse jedoch, wenn – wie in einigen der Studien der Fall – die zwischen den Geschlechtern unterschiedlichen Einstiegspfade und -ressourcen berücksichtigt werden, d.h. mehrdimensionale Analysen zugrunde liegen (Jungbauer-Gans 1993).

Ein wesentlicher Faktor, der nicht nur mit dem Leistungsspektrum, sondern auch mit den Zugangs- und Überlebensmöglichkeiten in Zusammenhang steht, ist die Berufs- und Branchenorientierung von Frauen. Unterschiedliche wirtschaftliche Orientierungen bieten auch unterschiedliche Chancen am Markt. In Bezug auf das Tätigkeitsprofil selbstständiger Frauen liegen für Deutschland aber bislang nur wenige repräsentative und gleichzeitig systematisch differenzierende Untersuchungen vor (Lauxen-Ulbrich und Leicht 2002). Hier wie auch in Studien auf internationaler Ebene ergibt sich das Bild, dass Frauen überproportional häufig in traditionellen Dienstleistungsbranchen, insbesondere im Handel, sowie auch ansonsten in weniger innovativen Märkten vertreten sind (Lohmann und Luber 2003, Carter 2000, Manser und Picot 1999, Döbler 1998, Ziegerer 1993).

1.2.3   Einflussfaktoren

Die Gründungsaktivität von Frauen und Männern wird von teils unterschiedlichen Motiven, Ressourcen, Gelegenheiten und Restriktionen beeinflusst (Müller und Arum 2003, McManus 2001), wobei als wichtigstes Faktorenbündel zur Erklärung des ungleichen unternehmerischen Engagements die Unterschiede in der Ausstattung mit spezifischem Humankapital sowie in der Zuständigkeit für Haushalt und Familie hervorgehoben werden. D.h. von hoher Bedeutung (sowohl bzgl. der Erklärung des Zutritts als auch des Erfolgs) sind jene Einflussfaktoren, die im Zusammenhang mit den kognitiven „unternehmerischen", aber auch mit den zeitlichen Ressourcen stehen.

Nach bisherigen Erkenntnissen unterscheiden sich Frauen und Männer vor allem in der Ausstattung mit gründungs- und erfolgsrelevanten *Humanressourcen*, und dabei (zumindest in jüngeren Generationen) kaum noch in Bezug auf formale Bildung als vielmehr in punkto Berufs-, Branchensowie Führungserfahrung (Döbler 1998, Jungbauer-Gans 1993, Jungbauer-Gans und Preisendörfer 1992). Unterschiede diesbezüglich werden vor allem mit frauentypischen bzw. auch diskontinuierlichen Erwerbsverläufen sowie mit diversen Benachteiligungen – sei es im Betrieb oder am Arbeitsmarkt – begründet. Ein anderer Argumentationsstrang bezieht sich auf die geschlechtsspezifisch unterschiedlichen Opportunitätsstrukturen und mithin insbesondere auf die *Segregation* der Erwerbstätigen in geschlechtstypische Berufe. In dieser Perspektive lassen sich die zwischen den Geschlechtern unterschiedlichen Gründungsaktivitäten daraus erklären, dass Frauen in ihrer Berufswahl noch immer eher auf typische Frauenberufe zurückgreifen und es sich hier zu einem großen Teil um Tätigkeiten handelt, die im Vergleich zu Männerberufen weniger Gelegenheiten für den Schritt in die Selbstständigkeit offerieren (Lauxen-Ulbrich und Leicht 2002, Lohmann und Luber 2000).

Vielfach wird die Lebensform oder Familienverantwortung und dabei auch der Wunsch nach *Vereinbarkeit von Beruf und Familie* als gewichtige Determinante beruflicher Selbstständigkeit von Frauen gewertet. McManus (2001) sowie auch Lohmann (2001) haben bereits darauf hingewiesen, dass familienbezogene Aspekte bei der Erklärung weiblicher Gründungsaktivitäten durchaus in zwei unterschiedliche Richtungen weisen können, d.h. sowohl die langanhaltende Unterrepräsentation von Frauen in der beruflichen Selbstständigkeit erklären können als auch den mittlerweile in vielen Staaten konstatierten Gründerinnenboom. Denn einerseits vermindern (sowohl reale als auch antizipierte) familiäre Verpflichtungen die Möglichkeiten des Erwerbs gründungs- und selbstständigkeitsrelevanter Ressourcen bzw. sie verkürzen das für die unternehmerische Tätigkeit notwendige Zeitbudget. Andererseits eröffnet die Gründung eines eigenen Unternehmens unter Umständen auch Chancen, Familien- und Erwerbsarbeit durch eine flexible Arbeitsgestaltung zu verbinden.

Auf viele weitere in der Forschung diskutierte Determinanten (etwa persönliche Faktoren, die Verfügung über soziales Kapital, Finanzen, institutionelle Rahmenbedingungen usw.) kann an dieser Stelle nicht eingegangen werden. Bemerkenswert erscheint jedoch, dass deutliche Unterschiede zu den Dispositionen von Männern bereits in einer der Gründung vorgelagerten Phase, d.h. beim Interesse an Selbstständigkeit auftauchen (vgl. auch Welter in diesem Band). Daher dürften einige der Ursachen für das „gender gap" auch auf ein in der Sozialisationsphase geprägtes *Rollenverständnis* zurückzuführen sein, denen schwer nachzuspüren ist. Hier können allerdings einige Befunde zur Struktur und Entwicklung von Frauenselbstständigkeit in Deutschland aufgegriffen und in den Kontext von Erklärungsansätzen gestellt werden, die sich auf die geschlechtsspezifisch unterschiedlichen wirtschaftlichen und sozialen Ausgangsbedingungen beziehen.

1.3 Empirische Basis der Untersuchung

Als Datenquelle für die vorliegende Untersuchung dient die jährliche Mikrozensuserhebung des Statistischen Bundesamtes, bei der 1 % aller Haushalte in Deutschland befragt werden. Das jährliche Grundprogramm des Mikrozensus umfasst eine Vielzahl von soziodemografischen Merkmalen, insbesondere auch Angaben zur Erwerbstätigkeit, zur (schulischen und beruflichen) Bildung sowie zum Beruf und Wirtschaftszweig, in welchem die Befragten tätig sind. Insgesamt nehmen rund 370.000 Haushalte mit 820.000 Personen am Mikrozensus teil; darunter etwa 160.000 Personen in rund 70.000 Haushalten in den neuen Bundesländern und Berlin-Ost.

Einige der für diese Studie durchgeführten Berechnungen beruhen auf den Aggregatdaten aus dem Mikrozensus, wie sie in der Fachserie des Statistischen Bundesamtes (Bevölkerung und Erwerbstätigkeit) abgebildet sind. Zum Zeitpunkt der Untersuchung lagen Daten bis zum Jahr 2001 (und teilweise bis 2002) vor. Da diese Aggregatdaten nur in begrenztem Umfang Indikatoren bieten und auch für eine differenziertere Analyse nicht genügen, wird hier an manchen Stellen zusätzlich der scientific use file (anonymisierte 70 % Unterstichprobe des Mikrozensus) der Jahre 1997 und 1998 genutzt. Der Rückgriff auf diese Individualdaten ermöglicht nicht nur eine stärkere Disaggregierung der Daten, sondern darüber hinaus auch die Möglichkeit zur Durchführung mehrdimensionaler Analysen und bietet damit eine Vielzahl von sehr differenzierten Informationen zur Entwicklung und Struktur der Erwerbstätigkeit von Frauen.

1.4 Überblick

Wie stellt sich die international konstatierte geringe Präsenz von Frauen in beruflicher Selbstständigkeit speziell in Deutschland dar und wie hat sich die Zahl der Gründerinnen jüngst entwickelt? Hier wird zunächst ein Gesamtüberblick zur Bedeutung und Entwicklung von selbstständigen Frauen gegeben, wobei zudem Vergleiche mit Männern und mit der Entwicklung von abhängig beschäftigten Frauen gezogen werden. Neben diesem Blick auf den Bestand an selbstständigen Frauen interessiert darüber hinaus der Umfang und die Struktur der Gründungen.

1.4.1 Zahlenmäßiger Boom an Gründerinnen

Zunächst längerfristig betrachtet wird die „Renaissance" selbstständiger Erwerbsarbeit zwar bei beiden Geschlechtern seit spätestens Anfang der 1980er Jahre ersichtlich – jedoch mit recht unterschiedlichen Akzentuierungen: Während der Selbstständigenbestand bei den Männern zur Jahrhundertwende lediglich wieder das Niveau von 1970 erreicht, hat die Zahl selbstständiger Frauen gegenüber dem Ausgangspunkt vor 30 Jahren außerordentlich zugenommen (Lauxen-Ulbrich und Leicht 2002). Konzentriert man sich auf die jüngere Entwicklung in *Gesamtdeutschland*, zeigt sich ein ähnliches Bild. Im Zeitraum von 1991 bis 2002 ist bei den Frauen ein Zuwachs um 32% und bei den Männern lediglich um 16% zu beobachten. Die Zahl selbstständiger Frauen steigt fast kontinuierlich (Abbildung 1).

Zwar hat sich dieser Wachstumsschub in jüngerer Zeit etwas verlangsamt. Immerhin ist allein in diesen elf Jahren die Zahl selbstständiger Frauen um 246 Tausend auf nunmehr insgesamt knapp über 1 Million gestiegen (Tabelle 1). Allerdings sind in den Zuwachsraten markante Unterschiede zwischen Ost und West festzustellen: Auf die *alten Bundesländer* entfällt wohl der Großteil des absoluten Zuwachses an selbstständigen Frauen

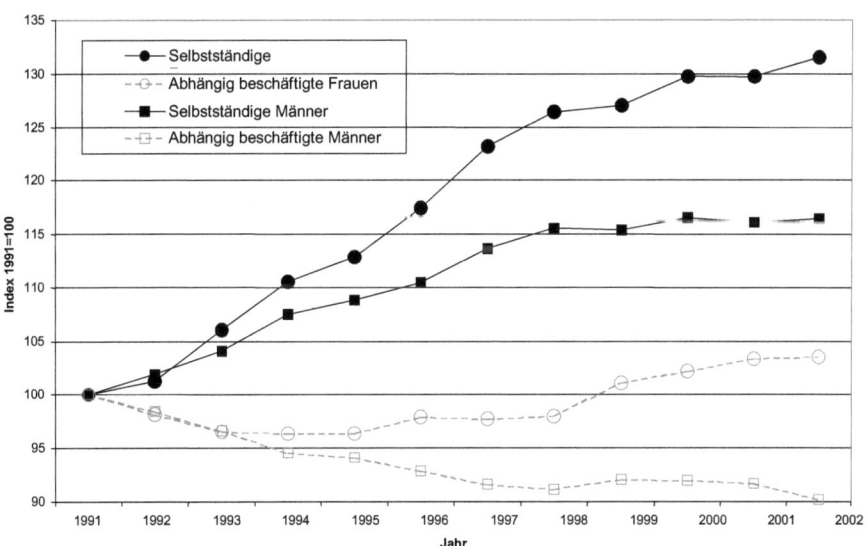

Abbildung 1. Index der Entwicklung von Selbstständigen nach Geschlecht in Gesamtdeutschland 1991-2002

Quelle: Statistisches Bundesamt (Mikrozensus); eigene Berechnungen ifm Mannheim

Tabelle 1.   Absolute und relative Entwicklung von Selbstständigen nach
                  Geschlecht

Jahr	Insg. in Tsd.	Veränd. in %*⁾	Frauen in Tsd.	Veränd. in %*⁾	Männer in Tsd.	Veränd. in %*⁾
Früheres Bundesgebiet						
1991	2689		682		2008	
2002	3102	15,4	853	25,1	2249	12,0
Neue Bundesländer und Berlin-Ost						
1991	348		98		249	
2002	552	58,6	173	76,5	379	52,2
Gesamtdeutschland						
1991	3037		780		2257	
2002	3654	20,3	1026	31,5	2628	16,4

*) Veränderung gegenüber 1991

Quelle: Statistisches Bundesamt (Mikrozensus); eigene Berechnungen ifm Mannheim

(seit 1991 um 171 Tsd.), aber prozentual ist er hier niedriger ausgefallen
(+25 %) als in den *neuen Ländern* (+77 %), was u.a. natürlich auch auf das
Ausgangsniveau bzw. den niedrigen Selbstständigenbestand nach der Wende zurückzuführen ist.

Durch die im Vergleich zu Männern relativ stärkere Zunahme an selbstständigen Frauen hat sich auch der *Anteil der Frauen an allen Selbstständigen* insgesamt erhöht. Waren 1970 (und selbst noch 1980) lediglich rund
20 % bzw. ein Fünftel aller Selbstständigen weiblichen Geschlechts, so beträgt der Frauenanteil im früheren Bundesgebiet nunmehr mit 28 % bereits
gut über ein Viertel (nicht abgebildet). In den neuen Bundesländern wurde
diesbezüglich bereits die 30 %-Marke überschritten. Verglichen mit dem
Gewicht von Frauen innerhalb anderer Beschäftigtengruppen ist dieser Anteil noch immer gering. Unter den abhängig Beschäftigten beträgt der
Frauenanteil in Gesamtdeutschland 46 % und in den neuen Bundesländern
sogar 47 %. Eine überragende Bedeutung haben die Frauen nur in der
Gruppe der unentgeltlich mithelfenden Familienangehörigen, in der immer
noch rund drei Viertel weiblichen Geschlechts sind.

1.4.2   Nach wie vor geringe Gründungsneigung bei Frauen

Die geringe Gründungsneigung unter Frauen kommt deutlicher noch in der geschlechterspezifischen Selbstständigenquote zum Ausdruck. Diese Quote – als Anteil selbstständiger Frauen an allen erwerbstätigen Frauen – liegt in *Gesamtdeutschland* bei 6,3 % und ist damit nur halb so hoch wie die der Männer (12,9 %). Die Selbstständigenquote von Frauen verzeichnet insbesondere im längerfristigen Zeitverlauf einige Schwankungen. Nachdem sie im *früheren Bundesgebiet* bis Anfang der 1980er Jahre zunächst unter die 5%-Marke zurückgefallen war, stieg sie dann leicht diskontinuierlich bis zum Jahr 2002 wieder auf über 6 Prozent an (Tabelle 2). In der Tendenz ähnelt diese Entwicklung derjenigen bei den Männern, allerdings auf weit geringerem Niveau.

In den *neuen Bundesländern* fällt die Selbstständigenquote bei den Frauen mit 5,9 % zwar noch ungünstiger aus, doch liegt hier auch die der Männer unterhalb der Quote in Westdeutschland. Es dürfte nicht verwundern, dass nach der „Wende" Anfang der 90er Jahre nur wenig erwerbstätige Frauen

Tabelle 2.   Entwicklung der Selbstständigenquote nach Geschlecht

Jahr	Insgesamt	Frauen	Männer
Früheres Bundesgebiet			
1970	10,7	6,0	13,4
1981	8,4	4,7	10,6
1991	9,1	5,7	11,3
2002	10,3	6,4	13,3
Neue Bundesländer und Berlin-Ost			
1991	4,5	2,7	6,0
2002	8,6	5,9	10,9
Gesamtdeutschland			
1991	8,1	5,0	10,3
2002	10,0	6,3	12,9

Quelle: Statistisches Bundesamt (Mikrozensus); eigene Berechnungen ifm Mannheim

in Ostdeutschland selbstständig waren oder sich selbstständig machten. Weshalb die Selbstständigenquote dann aber relativ stärker angewachsen ist, lässt sich aus der gegenüber dem Westen unterschiedlichen Entwicklung der Erwerbstätigkeit insgesamt erklären. Im Osten ist bei steigenden Selbstständigenzahlen bekanntlich dennoch die abhängige Beschäftigung – sowohl bei den Frauen als auch bei den Männern – stark zurückgegangen. Dies macht nochmals klar, wie bedeutend das Gründungsgeschehen auch für die Entwicklung des Arbeitsmarktes im Osten Deutschlands ist.

Es stellt sich natürlich die Frage, weshalb in *Gesamtdeutschland* die Selbstständigenquote unter Frauen trotz des enormen Gründerinnenbooms nur vergleichsweise moderat angewachsen ist. Dies muss vor dem Hintergrund der gleichzeitig gestiegenen *Erwerbsbeteiligung* von Frauen gesehen werden. Die Gesamtzahl der auf den Arbeitsmarkt drängenden Frauen hat sich im Zeitverlauf prozentual zwar nicht ganz so stark erhöht wie der Part der (hierunter) selbstständigen Frauen, doch immerhin in beachtlichem Umfang: Sieht man von den Arbeitslosen ab, dann sind gegenwärtig allein in den alten Bundesländern 38 % bzw. 3,7 Millionen mehr Frauen erwerbstätig als noch 1970. Wird also ein gewisses Mindestmaß an Gründungsneigungen und -realisierungen auch unter diesen zusätzlichen Erwerbstätigen vorausgesetzt, so hat allein schon dieser Schub an „neuen" Arbeitskräften mit dafür gesorgt, dass zumindest die absolute Zahl selbstständiger Frauen über die Jahre kräftig, aber die Selbstständigenquote eben weniger stark angestiegen ist.

1.4.3 Gründerinnen und ihre Ausgangsposition

Bisher wurde das Aggregat selbstständiger Frauen insgesamt betrachtet, woraus nicht ersichtlich wird, welchen Anteil hierbei neu gegründete „Frauenbetriebe" einnehmen. Als Gründer/innen werden nachfolgend diejenigen bezeichnet, die ein Jahr vor der Erhebung noch nicht selbstständig waren.[4] Mit Hilfe der Retrospektivfragen im Mikrozensus kann zudem auch abgeschätzt werden, welchen Erwerbsstatus die Gründerinnen und Gründer vor dem Eintritt in die Selbstständigkeit hatten. Wie aus Tabelle 3 ersichtlich, ist demnach – per saldo – knapp ein Viertel (23 %) des Bestands

---

[4] Im Mikrozensus (Unterstichprobe) wird nach der Stellung im Beruf in der gegenwärtigen Tätigkeit sowie nach derjenigen ein Jahr davor gefragt. Auf Grundlage dieser Informationen sind gewisse Unschärfen in der Bestimmung von „Gründerinnen" nicht auszuschließen, da mit der Retrospektivfrage der vorherige Erwerbstätigenstatus nicht so exakt wie der derzeitige erfasst wird.

Tabelle 3.   Gründerinnenanteil und Erwerbsstatus vor Eintritt in die
Selbstständigkeit

		Gründerinnen	Gründer
gesamter inflow[*] in %		23	17
Erwerbsstatus 1 Jahr zuvor *(Spalten-%)*	abhäng. Besch.[**]	70	78
	arbeitslos	8	9
	Stud./Azubi/etc.	5	6
	nicht erwerbstätig	16	8

[*] Anteil der Neugründungen am Bestand aller selbstständigen Frauen bzw. Männer
[**] Einschließlich mithelfende Familienangehörige

Quelle: Statistisches Bundesamt (Mikrozensus 1997, LFS 70% Substichprobe);
eigene Berechnungen ifm Mannheim

an allen selbstständigen Frauen im Verlauf eines Jahres neu hinzugekommen (wobei ein nicht ganz so großer Teil auch wieder aus dem Markt ausgeschieden ist). Bei den Männern beträgt dieser Anteil lediglich 17%. Dies unterstreicht die zuvor dargestellte stärkere Entwicklungsdynamik unter den weiblichen Selbstständigen.

Mit entscheidend für Geschlechterdifferenzen im Gründungsgeschehen sind vor allem die zugrunde liegenden Ressourcen und damit die Frage, in welchem Umfang Frauen auf Berufs- oder Arbeitserfahrung zurückgreifen können. Als indirekter Anhaltspunkt mag hierfür dienen, inwieweit die Gründerinnen zuvor erwerbstätig waren. Zwar kommen über zwei Drittel (70%) der Gründerinnen aus einer abhängigen Beschäftigung, doch ist dies bei den männlichen Gründern dann doch bei 78% der Fall. Während der Anteil der aus der Arbeitslosigkeit stammenden „neuen" Selbstständigen bei Frauen und Männern in etwa gleich groß ist, stand unter den Gründerfrauen ein doppelt so hoher Anteil (16%) als bei den Männern dem Arbeitsmarkt zuvor nicht zur Verfügung. Dies kann zunächst als Bestätigung für die Annahme dienen, dass frauentypische Biografien häufiger durch Erwerbsunterbrechungen gekennzeichnet sind und der Schritt in die Selbstständigkeit viel eher wie bei Männern dann als nächst möglicher Weg gesehen wird, überhaupt auf den Arbeitsmarkt zurückzukehren.

Ein solcher Eintritt aus der Nichterwerbstätigkeit bedeutet unter Umständen nicht nur ein Defizit an Arbeitserfahrung sondern führt bei manchen

evtl. auch dazu, dass einmal erlernte berufliche Kenntnisse nicht mehr angewandt werden können. Dies wird durch die Feststellung untermauert, dass
fast jede zweite Gründerin, die vorher arbeitslos war und jede Dritte, die
aus der Nichterwerbstätigkeit kam, auch gleichzeitig ihren Beruf wechselte
oder wechseln musste. Bei Männern ist dieser Anteil auffällig geringer.[5]

1.4.4   Zunahme kleinstbetrieblicher Selbstständigkeit

Die Entwicklung beruflicher Selbstständigkeit kann nicht losgelöst von einigen begleitenden Merkmalen betrachtet werden. Dazu zählt, dass Frauenbetriebe wesentlich kleiner als die von Männern sind. So arbeiten die
meisten aller selbstständigen Frauen alleine d.h. ohne weitere (bezahlte)
Beschäftigte. Der Anteil sogenannter „soloselbstständiger" Frauen an allen
selbstständigen Frauen liegt mit 60 % deutlich über dem entsprechenden
Anteil unter Männern (48 %). Hier kommt nun hinzu, dass über den längeren Zeitraum seit 1975 (Westdeutschland) betrachtet, die Zahl soloselbstständiger Frauen prozentual um 75 % zugenommen hat. Demgegenüber ist
die Summe männlicher Soloselbstständiger im gleichen Zeitraum lediglich
um 17 % gestiegen (Abbildung 2).

Erstaunlich ist vor allem der Umbruch in der jüngeren Entwicklung, der
genauso auch mit Blick auf Gesamtdeutschland aufgezeigt werden kann.
Denn während ab Mitte der 1990er Jahre die Zahl der Arbeitgeberinnen
zunächst leicht zurückgegangen und dann seit etwa 5 Jahren wieder angestiegen ist, hat sich die Zahl soloselbstständiger Frauen geradezu sprung-
haft nach oben bewegt. Im Zeitraum seit 1991 kamen im Bestand Soloselbstständiger per saldo 181 Tausend Frauen hinzu, während die Zahl der
Arbeitgeberinnen nur um 65 Tausend wuchs. Das heißt auch, dass der
Gründerinnenboom zu einem Großteil auf der Expansion kleinstbetriebli-
cher Selbstständigkeit bzw. auf der von alleinarbeitenden Frauen beruht.

Mit Blick auf die längerfristige Entwicklung interessiert, ob sich Frauen
heute im Vergleich zu den 1970er Jahren eher als Soloselbstständige betätigen. Werden die Chancenverhältnisse (odds) oder auch lediglich die
Selbstständigenquoten zu verschiedenen Zeitpunkten betrachtet (Abbildung 3) zeigt sich, dass Frauen, wenn sie sich überhaupt selbstständig
machen, auch damals schon überwiegend alleine arbeiteten (Leicht und
Lauxen-Ulbrich 2002). Demzufolge ist nicht, wie teils suggeriert, schon

---

[5]   Zu näheren Angaben vgl. Lauxen-Ulbrich und Leicht 2002.

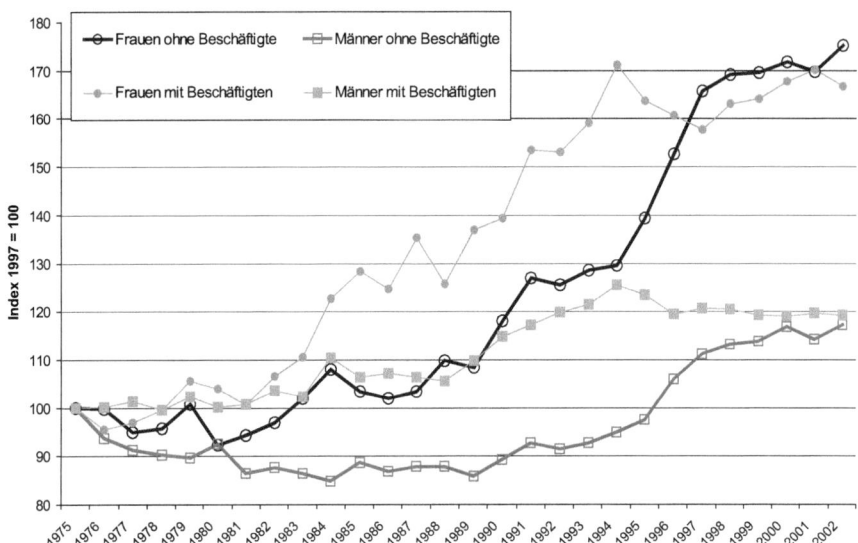

Abbildung 2. Index der Entwicklung von Selbstständigen mit und ohne
Beschäftigte nach Geschlecht 1975–2002 (Westdeutschland)

Quelle: Statistisches Bundesamt (Mikrozensus); eigene Berechnungen ifm Mannheim

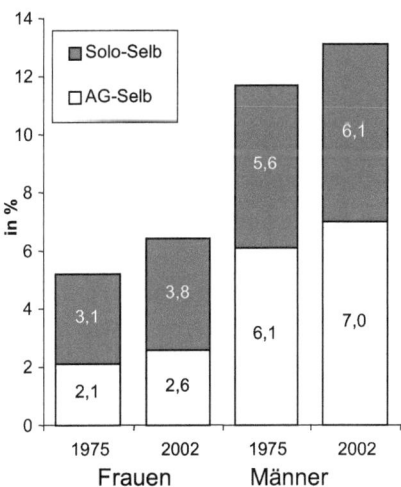

Abbildung 3.   Selbstständigenquoten (Arbeitgeber / Solo) nach Geschlecht

Quelle: Statistisches Bundesamt (Mikrozensus); eigene Berechnungen ifm Mannheim

die bloße Tatsache, dass die Zahl an Soloselbstständigen in jüngerer Zeit wieder wächst, bereits als Indikator für die Zunahme von Formen sog. „neuer" Selbstständigkeit zu werten. Der Charakter von Soloselbstständigkeit muss sowohl im Kontext der Entstehung als auch ihrer wirtschaftlichen und sozialen Qualität beurteilt werden (Leicht 2003).

1.5 Tätigkeitsprofil selbstständiger Frauen

Einige, vor allem im internationalen Raum gewonnene Erkenntnisse gehen davon aus, dass sich das Tätigkeitsspektrum von selbstständigen Frauen vergleichsweise stärker auf traditionelle Wirtschaftssektoren mit geringer Professionalität begrenzt – und dabei zudem auf die ohnehin stark von Frauen dominierten Sektoren sowie auf solche mit geringeren Erfolgsaussichten und hohen Fluktuationen (McManus 2001). Hier wird nun betrachtet, in welchen Wirtschaftszweigen selbstständige Frauen in Deutschland vorwiegend tätig sind und welche Entwicklung sich diesbezüglich abzeichnet. Dabei interessieren auch die Unterschiede zur Branchenorientierung selbstständiger Männer sowie zu der von abhängig beschäftigten Frauen. Darüber hinaus stellt sich mit Blick auf die Berufe selbstständiger Frauen die Frage, in welchem Maße die aus der abhängigen Beschäftigung bekannten Muster der beruflichen Segregation auch unter Selbstständigen beobachtet werden können, und inwiefern diese Ungleichheit zwischen den Geschlechtern das „gender gap" im Gründungsgeschehen mit erklären kann.

1.5.1 Wirtschaftliche Domänen

Markante Geschlechterunterschiede in der wirtschaftlichen Orientierung lassen sich bereits bei einer groben Unterscheidung nach Sektoren bzw. Wirtschaftsbereichen erkennen. Von allen selbstständigen Frauen in Gesamtdeutschland arbeiteten im Jahr 2002 mehr als drei Viertel (88%) im Dienstleistungsbereich (aber nur 64% der selbstständigen Männer). Selbstständige Frauen sind vor allem im Handel und Gastgewerbe sowie in den „Sonstigen Dienstleistungen" deutlich stärker präsent als Männer. Knapp über 200 Tausend Frauen, d.h. nahezu ein Fünftel aller Unternehmerinnen, arbeiten im Handel. Nicht viel weniger sind es im Bereich sonstiger persönlicher Dienstleistungen (Tabelle 4). Auf den nächsten Rängen liegen die Anteile von selbstständigen Frauen im Gesundheits- und Sozialwesen in etwa gleichauf mit denen, die unternehmensorientierte Dienstleistungen erbringen (mit jeweils über 150 Tausend).

Tabelle 4. Verteilung von Selbstständigen und abhängig Beschäftigten nach Wirtschaftsunterbereichen*[)] und Geschlecht sowie Frauenanteile; Gesamtdeutschland 2002

	Selbstständige					Abhängig besch. Frauen**[)]
	Frauen		Männer		Frauenanteil in %	
	in Tsd.	Spalten %	in Tsd.	Spalten %	unter Selbst.	u. abh. B.**[)]	Spalten %
A,B: Land- und Forstwirtschaft	46	4,5	263	10,0	14,9	45,0	1,8
C,D: Bergbau und Verarbeit. Gewerbe	58	5,7	310	11,8	15,7	28,3	15,4
F: Baugewerbe	21	2,0	368	14,0	5,4	14,3	2,2
G: Handel	204	19,9	439	16,7	31,7	57,5	16,8
H: Gastgewerbe	95	9,3	153	5,8	38,2	61,9	4,0
I: Verkehr und Nachrichten	24	2,3	117	4,5	17,0	30,1	3,7
J: Kredit und Versicherungen	25	2,4	104	4,0	19,4	55,3	4,4
K: Dienstleistungen für Unternehmen	153	14,9	471	17,9	24,5	53,4	8,8
M: Erziehung und Unterricht	47	4,6	43	1,6	52,2	66,6	8,5
N: Gesundheits- und Sozialwesen	159	15,5	162	6,2	49,5	77,0	18,3
O: Sonst. persönliche Dienstleistungen	187	18,2	194	7,4	49,1	57,0	6,2
Gesamtwirtschaft*[)]	1026	100	2628	100	28,1	46,1	90*[)]

*) Abweichungen zwischen Gesamtwirtschaft und Tabellensumme rühren daher, dass in der Tabelle die Bereiche Energie/Wasserversorgung, die privaten Haushalte sowie die Öffentliche Verwaltung (ohne bzw. mit wenigen Selbstständigen) nicht enthalten sind.

**) Hier einschließlich der mithelfenden Familienangehörigen.

Quelle: Statistisches Bundesamt (Mikrozensus); eigene Berechnungen ifm Mannheim

Bei genauerer Betrachtung bzw. bei noch stärkerer Differenzierung nach einzelnen Branchen, wird dann aber deutlich, dass sich das Gros selbstständiger Frauen auf ein doch relativ kleines Spektrum wirtschaftlicher Tätigkeit konzentriert. So findet sich die Hälfte (!) aller selbstständigen Frauen allein schon in 7 von den insgesamt 222 Wirtschaftsgruppen. In absoluten Zahlen gemessen erweisen sich die in Tabelle 5 aufgelisteten Gruppen (im Jahr 2000)[6] als die eigentlichen Domänen selbstständiger Frauen.

Welchen Charakter haben die dort gebotenen Leistungen? An vorderer Stelle (Tabelle 5) stehen zwar durchaus einige moderne und als „(semi)-professionell" einzustufende Wirtschaftszweige – dies zeigt sich in der O-rientierung eines Teils selbstständiger Frauen auf Bereiche wie bspw. das Gesundheitswesen (darunter jedoch nicht nur Ärztinnen und therapeutische Berufe, Heilpraktikerinnen, sondern auch Masseurinnen usw.),[7] die wirtschaftliche und rechtliche Beratung sowie auch die Erwachsenenbildung. Andererseits weist diese Schwerpunktliste zu einem etwas höheren Anteil gerade auch solche Tätigkeiten aus, die viel eher die herkömmliche Sichtweise stützen, dass sich Frauen, wenn überhaupt, doch tendenziell stärker in Wirtschaftbereichen mit geringeren Anforderungen selbstständig machen. Beispielgebend dienen hier Bereiche wie „Erbringung sonstiger persönlicher Dienstleistungen"[8] (das sind z.B. Reinigung, Friseurgewerbe, Kosmetik, Bäder, Solarien usw.) oder Facheinzelhandel sowie Restaurants, Cafes usw.

Diese Wirtschaftszweige, auf die sich Frauenselbstständigkeit konzentriert, scheinen gleichzeitig überwiegend günstige Ausgangsbedingungen zur Gründung eines eigenen Unternehmens zu bieten. Denn hier sind nicht nur die *Selbstständigenquoten* bei den Frauen, sondern auch bei den Männern überdurchschnittlich hoch (Tabelle 5). Doch ein genauerer Blick zeigt, dass die Quoten von Männern in manchen Bereichen sogar um mehr als das Doppelte höher liegen, d.h. die Gründungspotentiale bei Frauen selbst in ihren Domänen eher noch gering ausgeschöpft sind. Dies liegt jedoch, wie im folgenden noch ersichtlich, teils an den unterschiedlichen Berufen, die in den Branchen Anwendung finden.

---

[6] Auf Dreistellerebene konnten nur Daten für 2000 ausgewertet werden.

[7] Vgl. hierzu auch Lauxen-Ulbrich und Leicht (2002).

[8] Die Wirtschaftsgruppe „Erbringung sonstiger persönlicher Dienstleistungen" ist nur Teil des zuvor in Tabelle 4 aufgeführten Abschnitts O „Sonstige öffentliche und persönliche Dienstleistungen".

Tabelle 5.   Die sieben bedeutendsten Wirtschaftsgruppen für selbstständige
Frauen (Rangfolge absoluter Zahl); Gesamtdeutschland 2000

Wirtschaftsgruppen	Frauen		Männer		Frauen-anteil
	Spalten-%	Selbst.-quote	Spalten-%	Selbst.-quote	
851 Gesundheitswesen	12,9	7,1	5,6	26,2	47,0
930 Erbringung von sonstigen persönlichen Dienstleistungen (Reinigung, Friseure usw.)	9,7	18,9	2,9	29,3	56,6
524 Sonstiger Facheinzelhandel	9,6	10,6	5,0	25,8	42,7
553 Restaurants/Cafes/Eisdielen/ Imbisshallen	5,8	15,6	3,9	31,8	36,4
741 Rechts-/Steuer-/Unternehmensberatung, Markt-/Meinungsforschung	4,4	11,1	5,0	52,0	25,4
748 Erbringung sonstiger Dienstleistungen überwiegend für Unternehmen	3,8	25,0	1,9	29,3	44,2
804 Erwachsenenbild./sonst. Unterricht	3,3	25,6	1,3	31,5	48,5
Alle übrigen Wirtschaftsgruppen	50,5		74,4		
Gesamtwirtschaft	100	6,4	100	12,7	27,8

Quelle: Statistisches Bundesamt (Mikrozensus); eigene Berechnungen ifm Mannheim

Ein anderer Blickwinkel ergibt sich bei der Betrachtung des *Frauenanteils* an den Selbstständigen *innerhalb* der einzelnen Wirtschaftsbereiche. Es dürfte nicht verwundern, dass der Produzierende Bereich eher eine Männerdomäne bildet (Tabelle 4). Demgegenüber zeigen sich in einigen Dienstleistungsbereichen annähernd paritätische Besetzungen: Im Bereich des Gesundheitswesens, der Erziehung sowie in den „Sonstigen persönlichen Dienstleistungen" ist in etwa jeder zweite Selbstständige eine Frau!

1.5.2 Entwicklung nach Branchen

Die festgestellten Strukturen unterliegen im Zeitverlauf Veränderungen, die aus dem wirtschaftlich strukturellen und sektoralem Wandel resultieren. Daher ist insbesondere aufgrund der erhöhten Nachfrage nach Dienstleistungen zu erwarten, dass sich auch der Umfang und die Struktur beruflicher Selbstständigkeit von Frauen verändert, da diese überwiegend im Dienstleistungssektor tätig sind. Natürlich liegen die Zunahmen bei selbstständigen Frauen vor allem im tertiären Bereich. Auffällig ist eher, dass sich die Gründerinnen nunmehr offenbar auch etwas stärker auf die moderneren Dienstleistungen orientieren, denn die *absolut* höchsten Zuwächse sind im Bereich der Dienstleistungen für Unternehmen, im Gesundheits- und Sozialwesen, aber auch in den „Sonstigen persönlichen Dienstleistungen" zu verzeichnen (hier nicht abgebildet). Die Zunahmen in anderen Bereichen fallen dabei weniger ins Gewicht.

Trotz des in vielen Wirtschaftsbereichen geringen Ausgangsniveaus weiblicher Selbstständigkeit müssen für den Geschlechtervergleich vor allem

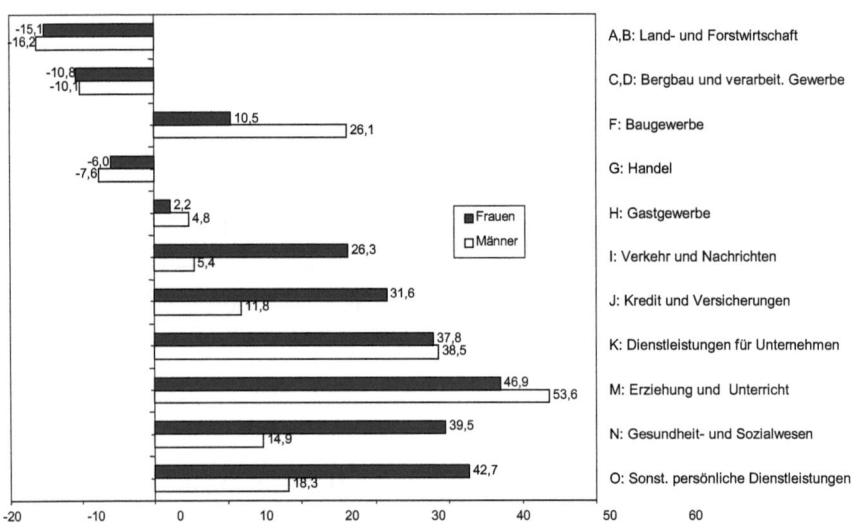

Abbildung 4.   Relative Veränderungen der Selbstständigen nach Wirtschaftsunterbereichen und Geschlecht in %, Gesamtdeutschland 1995 bis 2002

Quelle: Statistisches Bundesamt (Mikrozensus); eigene Berechnungen ifm Mannheim

die *relativen Veränderungen* betrachtet werden (Abbildung 4).[9] Hier zeigt sich, dass Frauen in den meisten Dienstleistungsbereichen entweder höhere prozentuale Zunahmen an Selbstständigen oder wenigstens annähernd gleiche Entwicklungen wie bei den Männern verzeichnen. So erscheint besonders bemerkenswert, dass bei Frauen die Selbstständigenzuwächse im Gesundheitswesen und in den Sonstigen persönlichen Diensten sowohl absolut als auch prozentual höher liegen. Zwar sind die unternehmensorientierten Dienstleistungen immer noch eher eine Männerdomäne (auch was die Zuwächse in absoluten Zahlen betrifft), doch relativ betrachtet verzeichnen die Frauen in diesem eher modernen Bereich fast die gleichen Zuwachsraten.

1.5.3 Ausmaß und Wirkung beruflicher Segregation

In der bisher zugrundegelegten Darstellung der Tätigkeiten nach Wirtschaftszweigen finden sich sehr unterschiedliche Qualifikationen und Berufe, die weit stärker als die Branche determinieren, wer sich selbstständig machen kann und wer nicht. Aus diesem Grund wird hier eine Differenzierung auf der Ebene von *Berufen* vorgenommen, die zudem nach Frauen- und Männerberufen sowie nach sog. integrierten Berufe unterscheidet.[10] Daran kann zum einen gezeigt werden, in welchem Ausmaß sich die ge-

---

[9] Aus Vergleichbarkeitsgründen (Umstellung der Wirtschaftszweigsystematik) kann die Entwicklung der Tätigkeitsfelder selbstständiger Frauen lediglich für den Zeitraum 1995 bis 2002 auf der Basis von Aggregatdaten des Mikrozensus dargestellt werden.

[10] Als „frauendominiert" bzw. *Frauenberufe* werden in der vorgenommenen Aufteilung nach 369 Klassen solche Berufe bezeichnet, in denen der Frauenanteil mehr als 15%-Punkte über demjenigen Anteil liegt, den Frauen insgesamt an allen Erwerbstätigen einnehmen. D.h. „frauendominierte Berufe" sind 1997 solche mit einem Frauenanteil von mehr als (43% + 15% =) 58%. Typische Frauenberufe sind etwa Sprechstundenhelferin, Sekretärin, Kinderpflegerin, Textilnäherin sowie hauswirtschaftliche Gehilfin. Als *Männerberufe* gelten dementsprechend solche, in denen der Frauenanteil mehr als 15%-Punkte unter dem durchschnittlichen Erwerbstätigenanteil von Frauen liegt. Nach dieser Definition sind z.B. Berufsfeuerwehrleute, Kapitäne, Tiefbauberufe, Klempner, Dachdecker, Maurer, Ingenieure, Unternehmensberater usw. typische Männerberufe. Ferner gelten als „*integrierte*" Berufe diejenigen, die „zwischen" den frauen- und männerdominierten Berufsfeldern liegen. Dazu zählen 1997 z.B. Bankfachleute, Verlagskaufleute, KünstlerInnen, ZahnärztInnen, NaturwissenschaftlerInnen.

schlechtsspezifische berufliche Segregation auch unter Selbstständigen fortsetzt, und zum anderen, welchen Einfluss die berufliche Ungleichheit zwischen den Geschlechtern auf die Repräsentation von Frauen unter Selbstständigen nimmt.

Tabelle 6 stellt die Verteilung auf Frauen-, Männer- und integrierte Berufe innerhalb der Gruppe der Selbstständigen derjenigen in der abhängigen Beschäftigung gegenüber. Demnach unterscheidet sich die Struktur der Berufe von abhängig beschäftigten und selbstständigen Frauen deutlich. Die berufliche Segregation ist unter selbstständig Erwerbstätigen nicht so stark ausgeprägt wie in der abhängigen Beschäftigung. Drei Viertel (73 %) der abhängig beschäftigten Frauen sind in typischen Frauenberufen tätig, während dies unter den selbstständigen Frauen nur bei 31 % der Fall ist. Soweit sich Frauen selbstständig betätigen sind sie viel eher bzw. zur Hälfte (47 %) in den integrierten Berufen zu finden. Immerhin jedoch 22 % der selbstständigen Frauen sind in typischen Männerberufen tätig, während dies ansonsten bei den abhängig beschäftigten Frauen nur auf 9 % zutrifft. Dagegen ist der überwiegende Teil der Männer (sowohl abhängig beschäftigte als auch selbstständige) in Männerberufen tätig. Nur wenige selbstständige Männer (7 %) finden sich in Frauenberufen.

Gleichzeitig bieten viele Frauenberufe offenbar keine günstigen Voraussetzungen, um in eine selbstständige Erwerbsarbeit zu wechseln. Dies zeigt sich daran, dass die durchschnittliche Selbstständigenquote in den frauen-

Tabelle 6.   Berufliche Segregation der Erwerbstätigen nach Geschlecht

	Frauen			Männer		
	Selbst-ständige	abhängig Besch.*)	Selbst.-quote	Selbst-ständige	abhängig Besch.*)	Selbst.-quote
Frauenberufe	31,4	73,1	2,8	7,3	15,6	6,3
integrierte B.	46,5	17,5	15,1	36,0	17,2	23,0
Männerberufe	22,1	9,4	13,6	56,7	67,2	10,7
Gesamt	100,0	100,0	6,3	100,0	100,0	12,4

*) einschließlich mithelfende Familienangehörige

Quelle: Statistisches Bundesamt (Mikrozensus 1997, 70 %-Substichprobe); eigene Berechnungen ifm Mannheim

dominierten Berufen äußerst niedrig ausfällt. Das ist sowohl bei Frauen als auch bei Männern der Fall. Im Schnitt machen sich lediglich 2,8% aller Frauen, die einen typischen Frauenberuf ausüben, selbstständig (Tabelle 6). Und auch unter denjenigen Männern, die in einem der von Frauen dominierten Berufe tätig sind, arbeiten lediglich 6,3% auf eigene Rechnung. Die höchsten Selbstständigenquoten ergeben sich nicht unbedingt in den Männerberufen, sondern – wiederum bei beiden Geschlechtern – im Feld der integrierten Berufe. Besonders interessant erscheint jedoch das Ergebnis, dass Frauen, wenn sie sich in Männerberufen betätigen, ganz offenbar mit höherer Wahrscheinlichkeit in die Selbstständigkeit eintreten als dies bei Männern im gleichen Berufsaggregat beobachtbar ist. Denn in Männerberufen machen sich immerhin fast 14% der Frauen selbstständig, jedoch lediglich knapp 11% der Männer.

Welche Mechanismen sind ursächlich dafür verantwortlich, dass viele der typischerweise von Frauen ausgeübten Berufe geringere Möglichkeiten für den Weg in die Selbstständigkeit bieten? Das Aggregat der frauendominierten Berufe ist zahlenmäßig sehr stark von solchen Tätigkeiten geprägt, die überwiegend in großen bürokratischen Organisationen oder Fabriken (z.B. Bürofachkräfte, Bürosachbearbeiterinnen, Sekretärinnen, aber auch Warenaufmacherinnen, Versandfertigmacherinnen usw.) oder in öffentlichen Einrichtungen (z.B. Verwaltungsfachleute, Krankenschwestern, Erzieherinnen oder Lehrerinnen usw.) ausgeübt werden. Hinzu kommen Berufe, die per se eher auf eine zuarbeitende und weniger selbstständige Position im Erwerbsleben ausgerichtet sind (z.B. Sprechstundenhelferinnen).

Woran es jedoch liegt, dass sich Frauen mit einem Männerberuf relativ häufiger selbstständig machen als solche mit einem Frauenberuf, mag nicht nur an den ungleichen Gelegenheitsstrukturen liegen, welche die Berufe „an sich" bieten, sondern unter Umständen auch daran, dass Frauen in (manchen) Männerberufen – aufgrund von Benachteiligungen oder drohender Arbeitslosigkeit – möglicherweise viel eher gezwungen sind nach Alternativen zu suchen bzw. sich selbstständig zu machen. Dieser Frage wird nachfolgend mit Blick auf die Akademikerinnen nachgegangen (Kapitel 1.6). Auffällig ist immerhin, dass in einigen der stark von Männern dominierten Berufe, wie etwa unter den Wirtschaftsprüfer/innen, den Unternehmensberater/innen, den Datenverarbeitungsfachleuten oder den Tankwart/innen, die Selbstständigenquote bei den Frauen (bei allerdings eher geringen Erwerbstätigenzahlen insgesamt) in etwa gleich hoch wie bei den Männern liegt. Für die technischen Berufe insgesamt scheint diese Annahme allerdings kaum zuzutreffen (vgl. Lauxen-Ulbrich und Leicht 2002).

Hervorzuheben ist jedoch zunächst ein weiteres zentrales Untersuchungsergebnis, das in etwa auch die Ergebnisse in Bezug auf die Selbstständigkeitsneigung von Frauen in einzelnen Wirtschaftsbereichen widerspiegelt (und hier daher nicht weiter ausgeführt wird).[11] Denn deutlich wird genauso mit Blick auf die ausgeübten Berufe, dass Segregation nur zum Teil die geringen Selbstständigenquoten unter Frauen erklärt. Tatsache bleibt, dass sich bei Frauen vielfach auch dann geringere Gründungsaktivitäten zeigen, wenn sie im gleichen Beruf wie Männer tätig sind. Das heißt, das Gefälle zwischen der Selbstständigenquote von Frauen und Männern bleibt auch innerhalb der meisten Berufsfelder erhalten. Und dies ist in vielen Fällen sowohl in frauen- als auch in männerdominierten Berufen zu beobachten. In tieferer Differenzierung wird dies unter anderem daran ersichtlich, dass sich bspw. von den Apothekerinnen lediglich 19%, aber von den Männern in dieser Berufsgruppe 67% selbstständig machen. Genauso haben 54% der männlichen Friseure ihr eigenes Geschäft, während dies bei den Friseurinnen nur bei 17% der Fall ist.

1.6   Qualifikationserwerb und -verwertung

Einigen Untersuchungen zufolge sind die unzureichenden Gründungsaktivitäten von Frauen, aber auch die geringeren Leistungspotentiale der Frauenbetriebe – neben anderen Faktoren – auch auf deren ungenügende Ausstattung mit Humanressourcen zurückzuführen (Döbler 1998, Jungbauer-Gans 1993). Die Bildungsexpansion sowie ein verändertes Bildungsverhalten von Frauen hat zwar in den jüngeren Kohorten dazu geführt, dass zwischen den Geschlechtern hinsichtlich ihrer formalen Abschlüsse fast keine Unterschiede mehr bestehen. Doch die Berufstätigkeit von Frauen ist nicht selten durch diskontinuierliche Erwerbsverläufe gekennzeichnet, welche die Akkumulation von Branchen-, Berufs- und Managementerfahrung erschweren. Bei der Entscheidung zu einer selbstständigen Tätigkeit ist zudem auch von Bedeutung, inwieweit bzw. in welchen Positionen Frauen ihre erworbenen Qualifikationen am Arbeitsmarkt ansonsten überhaupt verwerten können. Vor diesem Hintergrund stellt sich also die Frage, welchen Einfluss Bildung auf Umfang und Gestalt beruflicher Selbstständigkeit von Frauen nimmt.

---

[11] Für weitere Angaben vgl. Lauxen-Ulbrich und Leicht 2002.

1.6.1   Enormer Zuwachs selbstständiger Akademikerinnen

Zunächst interessiert, aus welchen Qualifikationsgruppen sich selbstständige Frauen rekrutieren und welche *Entwicklungstendenzen* sich hierbei abzeichnen. Unter selbstständigen Frauen zeigt sich eine deutliche Höherqualifizierung: Im Zehn-Jahreszeitraum von 1991 bis 2001 sind die mit Abstand höchsten Selbstständigenzuwächse bei denjenigen Frauen zu verzeichnen, die einen Hochschul- bzw. Fachhochschulabschluss aufweisen (Abbildung 5).[12] Allein diese Gruppe hat sich infolge einer Zunahme um 147 Tsd. auf 277 Tsd. Frauen in kurzer Zeit mehr als verdoppelt (+114%). Selbstständige Akademikerinnen bilden somit eine Erwerbsgruppe mit einer enormen Entwicklungsdynamik, die auch diejenige unter den männlichen Hochgebildeten übertrifft. Zwar fällt der absolute Zuwachs unter Männern höher aus, doch entspricht dies lediglich einer Steigerung um 58%.

Gegenüber Personen mit akademischem Abschluss bleiben die Zuwächse in anderen Qualifikationsgruppen vergleichsweise gering. Allerdings zeigt sich auch hier, dass die relativen Zuwachsraten der Frauen in allen Bildungsgruppen – mit Ausnahme von Personen ohne abgeschlossene Berufsausbildung – über denen ihrer männlichen Pendants liegen. So hat sich bspw. die Zahl selbstständiger Frauen mit einem Lehrabschluss (hier einschließlich Meisterinnen und Technikerinnen) in dem beobachteten Zeitraum – auf niedrigem Niveau – um 20% erhöht, während die Zahl der Männer mit gleichen Bildungsabschlüssen gerade mal um 7% zugenommen hat.

Der „Akademikerinnenboom" verändert auch die *Qualifikationsstruktur der Selbstständigen* deutlich: Betrug die Hochqualifiziertenquote[13] unter selbstständigen Frauen Anfang der 90er Jahre noch 17%, liegt sie heute bei 27%. Hier haben die selbstständigen Frauen ihre männlichen „Kollegen" in bezug auf tertiäre Bildungsabschlüsse sogar überholt. Ein solcher Trend darf jedoch nicht darüber hinwegtäuschen, dass der größte Teil selbststän-

---

[12] Da sich im Mikrozensus die Zusammensetzung einzelner Qualifikationsgruppen bzw. die Zuordnung zu den Bildungskategorien ab dem Jahr 2000 verändert hat, mussten für die Entwicklungen bis zum Jahr 2001 die Bildungskategorien Fachhochschulabschluss und Hochschulabschluss, sowie die Abschlüsse berufliche Lehre, Meister- und Technikerausbildung jeweils zu einer Kategorie zusammengefasst werden. Nachfolgend wird deshalb die Qualifikationsentwicklung nochmals in einer differenzierteren Form dargestellt, dort aber nur bis zum Jahr 1999.

[13] Anteil von Personen mit einem Fachhochschul- oder einem Hochschulabschluss.

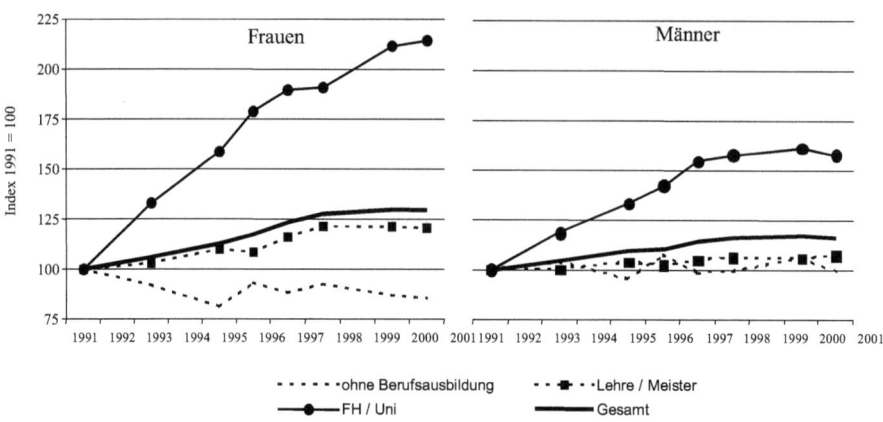

Abbildung 5. Index der Entwicklung von Selbstständigen nach Qualifikation 1991-2001

Quelle: Statistisches Bundesamt (Mikrozensus, 70%-Substichprobe und Fachserie 2); eigene Berechnungen ifm Mannheim

diger Frauen, und auch der Männer, keinen akademischen oder höheren Bildungsabschluss besitzt. Fast die Hälfte der Frauen in beruflicher Selbstständigkeit (48%) hat höchstens eine berufliche Lehre im Dualen System oder einen vergleichbaren Berufsabschluss aufzuweisen.[14] Personen ohne beruflichen Bildungsabschluss stellen zu Beginn des zwanzigsten Jahrhunderts nur noch einen geringen Teil der Selbstständigen. Vor allem bei den Frauen ist im betrachteten Zeitraum ein kontinuierlicher Rückgang erkennbar (1991: 18% und 2001: 12%). Es wird somit auch deutlich, dass die Zunahme der Selbstständigen in Deutschland nicht wesentlich – wie aufgrund der Befunde in anderen Ländern oft angenommen wurde (Arum 1997) – auf den Zustrom der auf dem Arbeitsmarkt am stärksten benachteiligten Gruppe, d.h. auf die Personen ohne formalen Berufsabschluss, zurückgeführt werden kann.

1.6.2 Unternehmerische Neigung in den Qualifikationsgruppen

In der bisherigen Perspektive wird noch nicht ersichtlich, in welchem Maße auch die unternehmerische Neigung in den einzelnen Qualifikations-

---

[14] Für nähere Angaben vgl. Strohmeyer 2003.

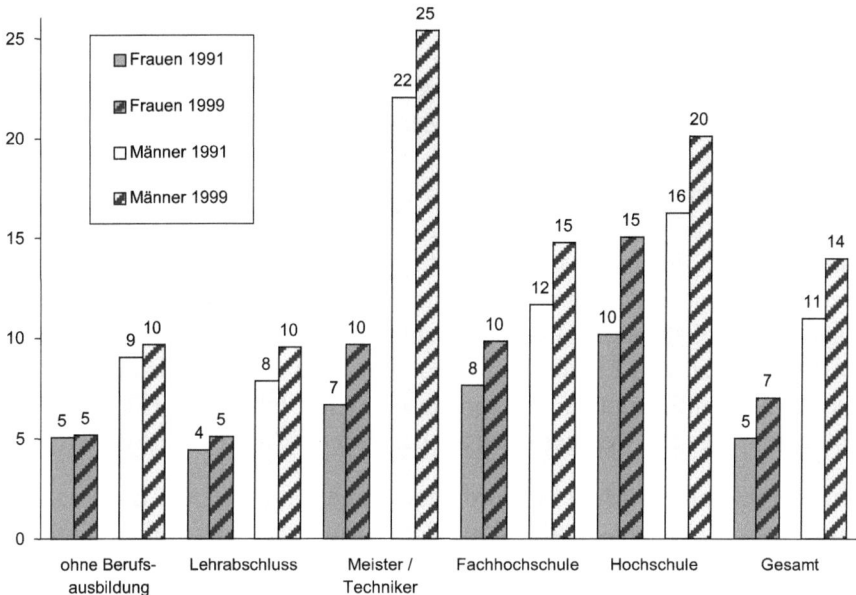

Abbildung 6.   Selbstständigenquoten nach Qualifikation und Geschlecht 1991 und 1999

* Fälle ohne Angabe wurden proportional auf die Bildungsgruppen verteilt

Quelle: Statistisches Bundesamt (Mikrozensus, 70%-Substichprobe und Fachserie 1), eigene Berechnungen ifm Mannheim

gruppen zugenommen hat, denn ein Grossteil des zahlenmäßigen Anstiegs könnte allein durch die Bildungsexpansion bzw. den generellen Zustrom von (hochgebildeten) Frauen in den Arbeitsmarkt bedingt sein. Die *qualifikationsspezifische Selbstständigenquote*, definiert als Anteil der Selbstständigen an allen Erwerbstätigen mit gleichem Bildungsgrad, soll u.a. Aufschluss darüber geben, ob über die Zuwächse hinaus auch die Neigung zur Aufnahme einer selbstständigen Tätigkeit zugenommen hat und welchen Einfluss Bildung überhaupt auf die Selbstständigkeitsorientierung nimmt.

Mit Blick auf die beruflichen Ausbildungsabschlüsse treten erhebliche Unterschiede in der Höhe sowie in der Entwicklung der Selbstständigenquoten im Verlauf der neunziger Jahre zu Tage (Abbildung 6): Unter Hochschulabsolventinnen hat sich der Anteil von Selbstständigen um immerhin 5 Prozentpunkte auf 15% erhöht, und somit in weit stärkerem Maße als dies bei Personen mit niedrigeren Abschlüssen der Fall ist. Zudem korrespondiert die Höhe der Selbstständigenquote erheblich mit der Höhe des beruflichen Abschlusses: In den niedrigsten Qualifikationsgruppen, d.h. bei Personen ohne abgeschlossene Berufsausbildung oder Lehrabschluss, finden sich die niedrigsten Selbstständigenquoten (um 5 %), während Frauen mit Fachhochschul- oder Meisterabschluss einen mittleren Platz (um 10 %) und solche mit Universitätsabschluss den höchsten Rang (15 %) belegen. Für Männer gilt dieser stufenförmige Zusammenhang nicht in gleichem Maße, denn bei diesen erweisen sich Meister und Techniker mit einer Selbstständigenquote von 25 % am gründungsfreudigsten (wobei für diese Bildungsabschlüsse auch gleichzeitig die höchsten Differenzen zu den Frauen bestehen). Besonders wichtig erscheint, dass die Selbstständigenquoten beider Geschlechter unter den Hochschulabsolventen dagegen weniger stark als bei anderen Abschlüssen differieren.

Durch multivariate Modelle wurde zudem geprüft, welchen Einfluss Bildung auf die Wahrscheinlichkeit der Ausübung einer selbstständigen Arbeit – auch unter Kontrolle weiterer soziodemographischer Faktoren[15] – hat und ob hohe Bildungsabschlüsse in dem betrachteten Zeitraum diesbezüglich an Bedeutung gewonnen haben; zum anderen ob Bildungseffekte bei Frauen eine größere Rolle spielen als bei Männern. Die Ergebnisse dieser Schätzungen zeigen deutlich, dass Bildungsressourcen eine erhebliche und über die Jahre konstant hohe Bedeutung für die Ausübung einer beruflichen Selbstständigkeit zukommt: Die Chancen einer selbstständigen Tätigkeit nachzugehen liegen für Frauen mit Hochschulreife in etwa mehr als drei mal so hoch als für Frauen ohne einen allgemeinbildenden Schulabschluss und für Universitätsabsolventinnen doppelt so hoch als für Frauen ohne eine berufliche Ausbildung. Werden die für Frauen und Männer relevanten Einflussgrößen einem Vergleich unterzogen, zeigen sich hierbei größtenteils ähnliche Assoziationsmuster, jedoch werden teils auch Unterschiede evident. Bei der Frage, ob selbstständig oder nicht, haben Bildungsabschlüsse für Frauen, mit Ausnahme der Meister- und Technikerabschlüsse, eine vergleichsweise höhere Bedeutung als für Männer.

---

[15] Als Kontrollvariablen wurden das Alter, der Familienstand, Kinder im Haushalt, die Staatsangehörigkeit und der Wohnort in die Modellrechnungen aufgenommen. Die Referenzkategorie der abhängigen Variablen bilden erwerbstätige Frauen (bzw. Männer) die einer abhängigen Beschäftigung nachgehen.

1.6.3 Selbstständigkeit und Zugang zu Professionen

Offensichtlich sind Akademikerinnen auf dem Arbeitsmarkt benachteiligt:
Auch wenn Frauen hochgebildet sind arbeiten sie oft unterhalb ihrer erworbenen Qualifikationen und haben ein höheres Arbeitslosigkeitsrisiko
zu tragen als Männer mit dem gleichen Abschluss (Schreyer 1999). Daher
interessiert hier, inwieweit es Akademikerinnen durch den Schritt in die
berufliche Selbstständigkeit eher gelingt sich Zugang zu professionellen
Tätigkeiten zu verschaffen, die ihnen ansonsten in abhängiger Beschäftigung teilweise verwehrt bleiben.

Abbildung 7 zeigt in welchem Umfang abhängig und selbstständig beschäftigte Akademiker/innen professionelle bzw. auch semi-professionelle
Berufe ausüben.[16] Der Vergleich zwischen abhängig beschäftigten Männern und Frauen bestätigt zunächst, dass akademisch ausgebildete Frauen
bei der Besetzung entsprechender Positionen eher benachteiligt sind: Nur
36 % der hochqualifizierten Arbeitnehmerinnen können ihre Qualifikationen in professionellen Tätigkeiten anwenden, im Gegensatz hierzu aber
61 % der hochqualifizierten männlichen Arbeitnehmer.

Außerdem arbeitet jede fünfte abhängig beschäftigte Akademikerin in einfachen qualifizierten oder unqualifizierten Tätigkeiten. Dies sind unter den
abhängig beschäftigten Männern mit 15 % erheblich weniger. Nimmt man
jedoch die selbstständig Erwerbstätigen ins Blickfeld, so scheinen hier
keine derart ausgeprägten geschlechtsspezifischen Unterschiede vorzuherr-
schen. Weitgehend unabhängig vom Geschlecht erreichen die Selbstständigen höhere (Klassen-) Positionen als abhängig Beschäftigte. Für Frauen
ist dieser Umstand von hoher Bedeutung, denn selbstständige Akademikerinnen arbeiten in weit höherem Maße in Professionen und hohen Lei-
tungsfunktionen als abhängig beschäftigte Akademikerinnen. Berufliche
Selbstständigkeit erhöht somit die Chancengleichheit zwischen Akademikerinnen und Akademikern in Hinblick auf den Zugang zu den höherwer-
tigen beruflichen Positionen.

---

[16] Zur Bestimmung der Bildungserträge wurden die beruflichen Positionen der
Akademikerinnen im Erwerbssystem ermittelt. Diese stützen sich auf ein (mo-
difiziertes) Klassenschema von Erikson, Goldthorpe und Portocarero (1979),
wobei die ursprünglich sieben Berufspositionen auf drei reduziert wurden. Für
Details in den Zuordnungen und Analysen vgl. Strohmeyer 2003.

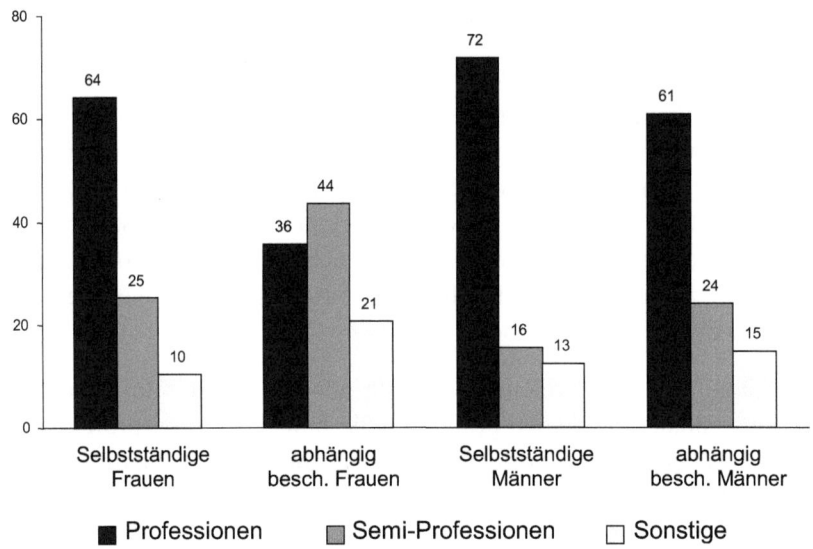

Abbildung 7.   Anteil von Hochqualifizierten in Professionen und Semi-
Professionen nach Geschlecht

Quelle: Statistisches Bundesamt (Mikrozensus 1997, 70%-Substichprobe), eigene
Berechnungen ifm Mannheim

1.7   Schlussbetrachtung

Festzuhalten ist, dass die Zahl selbstständiger Frauen seit längerem prozentual stärker ansteigt als die der selbstständigen Männer. Allein in den letzten
elf Jahren hat sich die Zahl selbstständiger Frauen um 32 Prozent, die der
Männer jedoch nur um 16 Prozent erhöht. Mit dazu beigetragen hat zum
einen die gleichzeitig gestiegene Erwerbsbeteiligung von Frauen, wodurch
sich zumindest ein Teil der absoluten Zuwächse erklärt. Zum anderen ist die
Zahl selbstständiger Frauen aber auch überproportional bzw. stärker als die
der abhängig beschäftigten Frauen angewachsen, was dazu führte, dass auch
die Selbstständigenquote der Frauen nunmehr mit 6,3% leicht höher als
noch vor zwanzig Jahren liegt. Trotz allem bleibt jedoch die zentrale Erkenntnis, dass Unternehmen nach wie vor häufiger von Männern gegründet
und geleitet werden. Dies kommt nicht nur durch die absolut höheren Zuwächse zum Ausdruck, sondern wird auch durch eine doppelt so hohe
Selbstständigenquote von Männern sowie durch die Tatsache dokumentiert,
dass Frauen lediglich knapp über ein Viertel aller Selbstständigen stellen.

Doch nicht nur der Umfang, auch die Güte und wirtschaftliche Orientierung beruflicher Selbstständigkeit differiert zwischen den Geschlechtern. Soweit sich Frauen selbstständig machen führen sie mit größerer Wahrscheinlichkeit ein Ein-Personen-Unternehmen und ein Großteil konzentriert sich auf ein relativ kleines Spektrum an wirtschaftlichen Tätigkeiten, dabei v.a. auf personenbezogene Dienste, wie pflegen, heilen, bewirten und lehren. Aber auch hier kündigen sich Veränderungen an, denn in den wirtschaftsnahen und teils auch wissensintensiveren Dienstleistungen liegen zumindest die prozentualen Zuwächse auf etwa gleicher Höhe wie die der Männer.

Diese sich tendenziell ankündigenden „Strukturverbesserungen" müssen auch in Zusammenhang damit gesehen werden, dass der Gründerinnenboom von einem starken Zustrom an Akademikerinnen begleitet war. Allein in dem betrachteten 10-Jahreszeitraum hat sich die Zahl der Hochschulabsolventinnen unter selbstständigen Frauen mehr als verdoppelt. Die Zuwachsrate unter den männlichen Pendants liegt demgegenüber nicht mal halb so hoch. Begünstigend wirkt dabei auch, dass der „Akademikerinnenboom" nicht allein das Ergebnis der allgemeinen Bildungsexpansion, sondern auch gestiegener Gründungsneigungen unter Hochqualifizierten ist. Das „gender gap" in beruflicher Selbstständigkeit verringert sich mit zunehmender Bildung. Alles in allem zeigt sich, dass ein hoher beruflicher Bildungsabschluss eine überaus wichtige Ressource für den Schritt in die berufliche Selbstständigkeit ist. Dies gilt, wie aufgezeigt, für Frauen umso mehr, da bei anhaltenden Benachteiligungen am Arbeitsmarkt die Gründung eines eigenen Unternehmens oftmals den aussichtsreichsten Weg eröffnet, die erworbene Qualifikationen auch in entsprechender Position einzusetzen.

1.8 Literatur

Arum, R. (1997): Trends in Male and Female Self-Employment: Growth in a New Middle Class or Increasing Marginalization of the Labor Force? In: Research in Stratification and Mobility, Vol. 15, S. 209-238.

Brüderl, J.; Preisendörfer, P. (1998): Network Support and the Success of Newly Founded Business, in: Small Business Economics, Vol. 10, No. 3, S. 213-225.

Brush, C.; Hisrich, R.D. (2000): Women-Owned Businesses: An Exploratory Study Comparing Factors Affecting Performance, Research Institute for Small and Emerging Business, Working Paper Series 00-02, Washington.

Brush, C.; Hisrich, R. D. (1999): Women-Owned Businesses: Why Do They Matter? In: Acs, Z.J. (Hrsg.): Are Small Firms Important?, Boston, S. 111-127.

Carter, S. (2000): Gender and Enterprise. In: Carter, S.; J.-E. Dylan. (Hrsg.): Enterprise and Small Business, Principles, Practice and Policy, S. 166-181.

Devine, T. (1994): Characteristics of Self-Employed Women in the United-States, in: Monthly Labor Review, Vol. 03/94, S. 20-34.

Döbler, T. (1998): Frauen als Unternehmerinnen. Erfolgspotentiale weiblicher Selbstständiger, Wiesbaden.

Du Rietz, A.; Henrekson, M. (2000): Testing the Female Underperformance Hypothesis, in: Small Business Economics, Vol. 14, No. 1, S. 1-10.

Fehrenbach, S.; Leicht, R. (2002): Strukturmerkmale und Potentiale der von Frauen geführten Betriebe in Deutschland. Veröffentlichungen des Instituts für Mittelstandsforschung der Universität Mannheim, Grüne Reihe, Nr. 47.

Jungbauer-Gans, M. (1999): Der Lohnunterschied zwischen Frauen und Männern in selbstständiger und abhängiger Beschäftigung, in: Kölner Zeitschrift für Soziologie und Sozialpsychologie, Jg. 51, Nr. 2, S. 364-390.

Jungbauer-Gans, M. (1993): Frauen als Unternehmerinnen, in: Beiträge zur Gesellschaftsforschung, Bd. 11, Frankfurt a.M.

Jungbauer-Gans, M.; Preisendörfer, P. (1992): Frauen in der beruflichen Selbstständigkeit. Eine erfolgversprechende Alternative zur abhängigen Beschäftigung? In: Zeitschrift für Soziologie, Jg. 21, Nr. 1, S. 61-77.

Kalleberg, A.L.; Leicht, K.T. (1991): Gender and Organizational Performance: Determinants of Small Business Survival and Success, in: Academy of Management Journal, Vol. 34, No. 1, S. 136-161.

Kim, A.; Kurz, K. (2001): Precarious Employment, Education and Gender: A Comparison of Germany and the United Kingdom, Mannheimer Zentrum für Europäische Sozialforschung, Arbeitspapiere, Nr. 39.

Lauxen-Ulbrich, M.; Leicht, R. (2002): Entwicklung und Tätigkeitsprofil selbstständiger Frauen in Deutschland. Eine empirische Untersuchung anhand der Daten des Mikrozensus, Veröffentlichungen des Instituts für Mittelstandsforschung, Universität Mannheim, Grüne Reihe, Nr. 46.

Leicht, R. (2003): Profil und Arbeitsgestaltung soloselbstständiger Frauen und Männer: Versuch einer empirischen Verortung von Ein-Personen-Unternehmer/innen, in: Gottschall, K. & Voß, G.G. (Hg.): Entgrenzung von Arbeit und Leben, München (im Erscheinen).

Leicht, R.; Lauxen-Ulbrich, M. (2002): Soloselbstständige Frauen in Deutschland: Entwicklung, wirtschaftliche Orientierung und Ressourcen. Forschungsprojekt „Gründerinnen in Deutschland" im Auftrag des BMBF. (Download-Paper Nr. 3: www.ifm.uni-mannheim.de).

Lohmann, H. (2001): Self-employed or employee, full-time or part-time? Gender differences in the determinants and conditions for self-employment in Europe and the U.S., Mannheimer Zentrum für Europäische Sozialforschung, working paper, No. 38.

Lohmann, H.; Luber, S. (2003): Trends in Self-Employment in Germany: Different Types, Different Developments. In: Arum, R.; W. Müller (Hrsg.): The Reemergence of Self-Employment: A Cross-National Study of Self-Employment Dynamics and Social Inequality, Princeton University Press (im Erscheinen).

Lohmann, H.; Luber, S. (2000): Geschlechtsunterschiede in der Struktur und den Determinanten beruflicher Selbstständigkeit. Ein Vergleich zwischen der Bundesrepublik und dem Vereinigten Königreich. Vortrag zur 2. ZUMA Mikrozensus Nutzerkonferenz, 12. u. 13. Oktober 2000, Mannheim (Download: http://www.gesis.org/Dauerbeobachtung/Mikrodaten/Veranstaltungen/2Nutzerkonferenz_ beiträge.htm).

Manser, M.; Picot, G. (1999): The Role of Self-Employment in U.S. & Canadian Job Growth, in: Monthly Labour Review, S. 10-25.

McManus, P. A. (2001): Women´s Participation in Self-Employment in Western Industrialized Nations, in: International Journal of Sociology, Vol. 31, No. 2, S. 70-97.

Müller, W.; Arum, R. (2003): Self-Employment Dynamics in Advanced Economies, in: Arum, R. & Muller, W. (Hg.): The Re-emergence of Self-Employment: A Cross-National Study of Self-Employment Dynamics and Social Inequality, Princeton University Press (im Erscheinen).

OECD (2000): Employment Outlook 2000, Chapter 5: The partial Re-emergence of Self-Employment, Paris.

OECD (1998): Women Entrepreneurs in Small and Medium Enterprises, Paris.

Pfau-Effinger, B. (2000): Kultur und Frauenerwerbstätigkeit in Europa. Theorie und Empirie des internationalen Vergleichs, Opladen.

Rudolph, A.; Welter, F. (2000): Mehr Erfolg für Gründerinnen: Wie junge Unternehmen gefördert werden – ein internationaler Vergleich, Schriften und Materialien zu Handwerk und Mittelstand, Rheinisch-Westfälischen Instituts für Wirtschaftsforschung Essen, Nr. 5.

Schreyer, F. (1999): Studienfachwahl und Arbeitslosigkeit, in: IAB-Kurzbericht 14/99.

Sternberg, R.; Bergmann, H. (2003): Global Entrepreneurship Monitor. Unternehmensgründungen im weltweiten Vergleich. Länderbericht Deutschland 2002, Köln.

Strohmeyer, R. (2003): Gender Differences in Self-employment: Does Education Matter?, Discussion paper für die 48. International Council for Small Business (ICSB): Advancing Entrepreneurship and Small Business, Belfast.

Tchouvakhina, M. (2001): Wirtschaftsfaktor Unternehmerin, Deutsche Ausgleichsbank, Bonn.

Welter, F.; Lageman, B.; Stoytcheva, M. (2002): Gründerinnen in Deutschland – Potentiale und institutionelles Umfeld. Untersuchungen des Rheinisch-Westfälischen Instituts für Wirtschaftsforschung Essen, Nr. 41.

Wießner, F. (2001): Arbeitslose werden Unternehmer: Eine Evaluation der Förderung von Existenzgründungen vormals Arbeitsloser mit Überbrückungsgeld nach § 57 SGB III (vormals § 55a AFG). Beiträge zur Arbeitsmarkt- und Berufsforschung, Bd. 241, Nürnberg.

Ziegerer, M. (1993): Firmengründungen durch Frauen und Männer im Zeitablauf. Unterschiede, Gleichheiten, Konsequenzen, St. Gallen.

2 Institutionelle Einflüsse auf Gründerinnen und Unternehmerinnen

Friederike Welter

2.1 Der Blick auf das externe Umfeld

Während der Hauptstrom der Gründungsforschung Gründungsverhalten und unternehmerisches Handeln – unabhängig vom Geschlecht – als Ergebnis personengebundener Entscheidungen und personenspezifischer Ressourcenkonstellationen interpretiert, legen zunehmend mehr Studien auch Wert auf die institutionelle Einbettung unternehmerischen Handelns (u.a. Audretsch et al. 2002; Davis und Henrekson 1997; Henrekson und Johansson 1999; Karlsson und Acs 2002; Verheul et al. 2000; Wennekers et al. 2001; Wildeman et al. 1999). Allerdings beschränken sich die meisten dieser Untersuchungen auf eine Analyse der – empirisch gut zu erfassenden – formalen institutionellen Rahmenbedingungen; so das Ergebnis einer Literaturauswertung bei Urbano/Veciana (2001), während der Einfluss des gesellschaftspolitischen Umfelds – Werte, Einstellungen, Verhaltenskodex – auf Unternehmertum seltener (mit-) analysiert wird (z.B. Audretsch et al. 2002; Busenitz et al. 2000; Klandt und Brüning 2002; Uhlaner et al. 2002; Wennekers et al. 2001). Einflusse des institutionellen Umfelds auf Gründerinnen und Unternehmerinnen sind bisher nur selten untersucht worden; die meisten Beiträge betrachten institutionelle Einflüsse auf die Erwerbstätigkeit von Frauen (z.B. Holst 2001; Munz 1997; Maier und Fiedler 2002).

Für die Frage nach der Herleitung geschlechtsspezifischer Unterschiede im Gründungsverhalten und den jeweiligen institutionellen Einflussfaktoren sind insbesondere die auf wirtschaftsgeschichtlich vergleichenden Studien aufbauenden theoretischen Überlegungen von North (1990) interessant, die allgemein den Einfluss von sogenannten formellen und informellen Institutionen auf wirtschaftliches Verhalten thematisieren. Generell reduzieren Institutionen als anerkanntes System von Regeln und Verhaltensrestriktionen die Unsicherheit menschlicher Interaktionen und erleichtern über eine Senkung der Transaktionskosten Austauschbeziehungen (North 1990). Politik und Wirtschaft bilden in dieser Betrachtung mit der Festlegung von kodifizierten Regeln die formellen Institutionen, die Kultur mit ihren Werten, Normen und Einstellungen die informellen Institutionen des Wirtschafts- und Gesellschaftssystems. Allerdings ist hier keine scharfe Trennung möglich, da der individuelle Handlungsspielraum eben auch in Politik und Wirtschaft von informellen Regeln mitgeformt wird. Im Wirtschaftsrecht beispielsweise unterscheiden sich geschriebenes Recht und Rechtspraxis stets mehr oder weniger; erst die gängigen Rechtsauslegungen füllen diejenigen Lücken der Gesetzgebung, die sich im tagtäglichen Umgang mit dem geschriebenen Recht erkennen lassen.

Kultur legt dabei individuelle Handlungsmuster eines Individuums fest und beeinflusst so die generell zur Verfügung stehenden Handlungsmöglichkeiten. *Informelle Institutionen*, die das *Gründungsverhalten von Frauen* mit bestimmen können, beziehen sich beispielsweise auf religiöse Vorschriften und kulturelle Traditionen, welche die vorherrschenden Rollen für Frauen und darüber ihr wünschenswertes Verhalten in der Gesellschaft festlegen. Dazu zählt beispielsweise die Wertschätzung, die eine Gesellschaft generell der Erwerbstätigkeit von Frauen entgegen bringt, ebenso wie das gängige Familienbild und die damit einhergehende geschlechtsspezifische Rollenverteilung. Diese informellen Institutionen bestimmen den Umfang häuslicher Arbeit und können darüber das für unternehmerische Tätigkeiten zur Verfügung stehende Zeitbudget von Frauen erheblich einschränken. Sie beeinflussen indirekt auch die zu erwartende Unterstützung für die potenzielle Gründerin aus dem sozialen Umfeld.

Während die Kultur demnach den „weichen" Rahmen für unternehmerisches Handeln vorgibt, bilden Politik und Wirtschaft den eher formellen Rahmen des unternehmerischen Handlungsspielraums. Politische Regeln definieren die gesamte politische Struktur mit ihren Organisations-, Entscheidungs- und Kontrollmechanismen und darüber die wirtschaftlichen Regeln, die wiederum Eigentums- und Verfügungsrechte bestimmen (North 1990, S. 47f.). Über system- und ordnungspolitische Entscheidungen wie beispielsweise die Festschreibung von privaten Eigentumsrechten wird die rechtliche und institutionelle Basis für jegliche unternehmerische Tätigkeit gelegt. Aktuelle wirtschaftspolitische und politische Maßnahmen, aber auch die aktuelle wirtschaftliche Situation – beispielsweise die

Kaufkraft, Nachfragepräferenzen der Verbraucher – bestimmen dann den jeweils gültigen formellen Handlungsspielraum.

Beispiele von *formellen Institutionen, die Gründerinnenpotenziale und Unternehmerinnen beeinflussen (können)*, umfassen neben Gleichheitsgrundsätzen in der Verfassung die spezifische Ausgestaltung des Arbeitsmarktes, Familien- und Sozialpolitik wie z.B. die Bereitstellung von Kinderbetreuung, und förderpolitische Angebote. Während formelle Institutionen Art und Umfang weiblichen Unternehmertums – Opportunitätsfelder – beeinflussen, haben informelle Regelungen, vor allem kulturelle „Leitbilder" einen erheblichen Einfluss auf das Gründungsverhalten von Frauen, vor allem ihre Gründungsneigungen; sie bestimmen die Opportunitätsrezeption.

Vor diesem Hintergrund beschäftigt sich das nachfolgende Kapitel, das auf ausgewählte Ergebnisse eines vom BMBF geförderten Forschungsprojektes des Rheinisch-Westfälischen Instituts für Wirtschaftsforschung (RWI) zurückgreift[1], mit den institutionellen Rahmenbedingungen für Gründerinnen und Unternehmerinnen in Deutschland. Im Mittelpunkt steht dabei die Frage, inwieweit das deutsche Umfeld Unternehmerinnen „fördert" und Gründerinnen motiviert und mobilisiert. Im ersten Abschnitt wird das rechtlich, wirtschafts- und förderpolitische Umfeld sowie die unternehmerische Infrastruktur untersucht, während im zweiten Abschnitt gesellschaftliche Einstellungen zur Unternehmerinnenrolle analysiert werden. Der dritte Abschnitt beschäftigt sich mit der Frage der Unternehmensfinanzierung, geschlechtsspezifischen Förderbedarfen und möglichen Zugangsrestriktionen in diesem Bereich. Im letzten Abschnitt werden die Ergebnisse kurz zusammengefasst und mögliche Lehren aus den deutschen Erfahrungen diskutiert.

---

[1] Es handelt sich dabei um eine Untersuchung im Rahmen eines vom Bundesministerium für Bildung und Forschung (BMBF) geförderten Verbundprojektes zu „Gründerinnen und selbstständigen Frauen in Deutschland", in dem das RWI und das Institut für Mittelstandsforschung der Universität Mannheim kooperieren. Während sich das IfM im Teilvorhaben 1 mit Strukturen, Entwicklungsprozessen sowie den Eintritts- und Wachstumsbedingungen selbstständiger Frauen beschäftigte, untersuchte das RWI im Teilvorhaben 2 Gründerinnenpotenziale und das institutionelle Umfeld.

2.2 Das formale Umfeld

2.2.1 Rechtliche und wirtschaftspolitische Rahmensetzungen

Während der Gleichheitsgrundsatz formal seit 1949 im Grundgesetz verankert ist, begünstigten die rechtlichen und politischen Rahmensetzungen in Westdeutschland bis in die siebziger Jahre das Geschlechtermodell der Hausfrauen- und Ernährerfamilie (Holst 2001, S. 14). Das äußerte sich in – in der Rückschau kuriosen – rechtlichen Vorschriften. So mussten Ehefrauen noch bis in die 1970er Jahre die Unterschrift ihres Ehemannes beibringen, wollten sie ein eigenes Bankkonto eröffnen oder einen Arbeitsvertrag abschließen. Erst 1977 wurde das Recht der Frau auf Erwerbstätigkeit auch offiziell rechtlich verankert, so dass sich im Gefolge der damaligen konjunkturellen Lage in Westdeutschland und mit steigender Erwerbsbeteiligung von Frauen allmählich das „Vereinbarkeitsmodell der Versorgerehe" (Goldmann 2002, S. 19) durchsetzte. Der Osten Deutschlands ist dagegen auch heute noch vom Modell der Doppelversorgerehe bzw. -partnerschaft geprägt.

Holst (2001, 2002) verweist in diesem Zusammenhang auf den restriktiven Einfluss, den das deutsche Steuer- und Abgabensystem immer noch auf weibliche Erwerbstätigkeit ausübt. Regelungen wie das Ehegattensplitting oder die soziale Mitsicherung der Ehefrau unterstützen eine geschlechtsspezifische Arbeitsteilung zwischen informeller, nicht marktmäßiger Arbeit, die ihrerseits vorwiegend von Frauen ausgeübt wird, und formeller, bezahlter Arbeit von Männern. Modellrechnungen auf Basis des alten Steuersystems verdeutlichen, dass die Erwerbsbeteiligung von Frauen in Westdeutschland bei Einführung des schwedischen Steuermodells um 10% steigen würde, während sie in Schweden bei Einführung des deutschen Steuermodells um 20% rückläufig wäre (Gustafsson 1995). Auch sozialpolitische Regelungen beeinflussen die Gründungsbereitschaft von Frauen. Das betrifft vor allem die soziale Absicherung in der beruflichen Selbstständigkeit, die von der Unternehmerin selbst getragen werden muss. Stehen familiäre Gründe der Einkommenssicherung und -verbesserung im Vordergrund der Selbstständigkeitsentscheidung, dürfte dieser Punkt in das Berechnungskalkül der Frauen über den Eintritt in und die Art der Selbstständigkeit – Nebenerwerbsunternehmen – einfließen.

Erheblicher Reformbedarf ist in Deutschland auch hinsichtlich der Familienpolitik zu erkennen, geht es darum, mehr Frauen für eine eigene berufliche Selbstständigkeit zu mobilisieren. Ein wesentlicher Engpass ist in diesem Zusammenhang die flächendeckende Versorgung mit Kinderbetreuungseinrichtungen. In Nordeuropa beispielsweise sind die institutionellen Voraussetzungen ungleich günstiger; dort ist die Familienpolitik stark auf egalitäre Doppelversorgermodelle hin orientiert (Pfau-Effinger 1995, S. 49f.). In Schweden ist die Ganztagsbetreuung von Kindern die Regel, 60 % der Kinder werden auf diese Weise versorgt, in Deutschland sind es dagegen insgesamt nur 9 % (Gustafsson und Wetzel 1997, S. 120). Steht für Kindergartenkinder noch ein breiteres Angebot, vor allem an Halbtagsbetreuungen, zur Verfügung, sind Hortplätze für Schulkinder selten. Diese zudem noch regional stark differierende Versorgungsquote übt starken Einfluss auf die Erwerbsneigung nicht erwerbstätiger Mütter aus (Büchel und Spieß 2002, S. 57), während zugleich Untersuchungen des Instituts für Arbeitsmarkt- und Berufsforschung eine große Bereitschaft erwerbs- wie nicht erwerbstätiger Frauen zeigten, Kosten für eine umfassendere Kinderbetreuung zu übernehmen (Engelbrech und Jungkunst 2001). Obschon sich somit der rechtliche und politische Rahmen in den vergangenen Jahrzehnten grundsätzlich positiv entwickelt hat, bewertet man seine Angemessenheit für Gründerinnen und Unternehmerinnen, weist er auch noch etliche Schwächen auf.

2.2.2 Förderpolitische Trends auf Bundes- und Länderebene

Während die Förderung von Unternehmerinnen beispielsweise in Nordeuropa schon eine lange Tradition hat, ist dies in Deutschland erst in jüngster Zeit aufgegriffen worden. Bei den Bundesministerien ist hinsichtlich der *Gründerinnenförderung* eine thematische Aufgabenteilung zu beobachten, wobei die Abstimmung zwischen den Ressorts eher informell, einzelfallbezogen und auf Arbeitsebene erfolgt. Das *Bundesministerium für Familie, Senioren, Frauen und Jugend (BMFSFJ)* konzentriert sich vor allem auf Maßnahmen, die einen breiten Bewusstseinswandel auf verschiedenen gesellschaftlichen Ebenen anstoßen sollen, und sieht in der Begleitung und Vernetzung von wirtschafts- und frauenpolitischen Initiativen seine Hauptverantwortung. Dazu zählen die Gemeinschaftsinitiative CHANGE/ CHANCE der Spitzenverbände der Wirtschaft mit dem BMFSFJ und dem BMWA.

Weitere Maßnahmen des BMFSFJ beinhalten Forschungsprojekte, die das Gründerinnenthema kontinuierlich in der Öffentlichkeit präsentieren. Dazu gehören Expertisen zur gender-spezifischen Aufbereitung der amtlichen

Statistik (IfM 2001), zu Arten der Existenzgründungen von Frauen und Männern (Piorkowsky 2001) und zu Genderaspekten in der finanziellen Gründungs- und Unternehmensförderung (Piorkowsky 2002) sowie Studien, welche nach frauenspezifischen Angeboten bei Kammern fragen (Felden et al. 1999) oder die gründerinnen- und unternehmerinnenspezifische Beratungs- und Netzwerklandschaft analysierten (Bonacker et al. 2002; Sperling, May 2001). Als seine vorrangige Aufgabe versteht das BMFSFJ Veränderungen auf gesellschaftlicher Ebene.

Das *Bundesministerium für Forschung und Bildung* (BMBF) setzt seine Schwerpunkte sowohl in der Bildungspolitik als auch in der Genderforschung. Strategische Handlungsschwerpunkte, die indirekt zur Mobilisierung von Gründerinnenpotenzialen beitragen, sind die „Erweiterung des Berufsspektrums und berufliche Bildung für Frauen" und das Thema „Frauen in der Informationsgesellschaft". So soll das Internet als Motor für die Steigerung der Existenzgründungen durch Frauen genutzt werden. Insgesamt wird bis 2005 ein Frauenanteil an den Existenzgründungen von 40% angestrebt. Dies ist, gemessen am derzeitigen Frauenanteil an den Gründungen von einem knappen Drittel, ein sehr ehrgeiziges Ziel. Eine volle „Gleichstellung" der Frauen in der Selbstständigkeit wäre damit allerdings immer noch nicht erreicht, denn diese stellen derzeit in Deutschland nur rund 44% der Erwerbstätigen. Dazu unterstützt das BMBF – nicht geschlechtsspezifisch ausgerichtet – Existenzgründungen aus Hochschulen. Speziell auf Gründerinnen richtete sich der 1998 ausgeschriebene Wettbewerb „Gründerinnenregionen", in dessen Rahmen insgesamt drei Regionen ausgezeichnet wurden. Neu hinzu tritt das Aktionsprogramm „Power für Gründerinnen", in dem u.a. Ende 2002 ein Kompetenzzentrum „Existenzgründung von Frauen" ausgeschrieben wurde, das als „Lotse" für Gründerinnen und gründungswillige Frauen dienen soll.

Auf Seiten des *Bundesministerium für Wirtschaft und Arbeit* (BMWA) ist die Gründerinnenförderung immer in die generelle KMU-Politik und -förderung eingebunden; spezielle Programme werden vom BMWA nicht angeboten, aber auch nicht unbedingt für sinnvoll gehalten. Gründerinnen und Unternehmerinnen speziell wurden beispielsweise über öffentlichkeitswirksame Maßnahmen wie die Broschüre „Frauen unternehmen" angesprochen. Grundsätzlich lag der bisherige frauenpolitische Schwerpunkt des BMWA vor allem auf dem Thema der Vereinbarkeit von Familie und Beruf; hier hat sich das Ministerium – als Vorbild – zertifizieren lassen.

Zukünftig möchte die Mittelstandsabteilung auch bestimmte Schwerpunkte in der Gründerinnenförderung setzen.

Bei der *Gründerinnenförderung auf Länderebene* bieten nur wenige Länder spezifische Programme an, zumeist im finanziellen Bereich. Letzteres geht oftmals Hand in Hand mit speziellen Beratungsangeboten; bei der Investitionsbank in Schleswig-Holstein beispielsweise ist eine eigene Beratungsstelle für Existenzgründerinnen eingerichtet. Häufiger sind spezielle (Einzel-)Maßnahmen im Rahmen der Gründungsoffensiven. Beispielsweise wird im Saarland zweimal jährlich ein Unternehmerinnenstammtisch in gemeinsamer Verantwortung von den Kammern, dem Wirtschaftsministerium und dem Landesverband des VdU durchgeführt; auch wurde auf Initiative des dortigen Wirtschaftsministeriums eine Unternehmerinnendatenbank eingerichtet (www.unternehmerinnen.saarland.de).

Zugleich deutet sich zumindest in den Ländern, die bereits früh Gründungsoffensiven einrichteten, eine Themenverschiebung an. Beispielsweise legte Nordrhein-Westfalen den Schwerpunkt der Gründerinnenförderung zunächst auf die Schaffung eines gründungsfreundlichen Klimas für Frauen. Entsprechende Maßnahmen beinhalteten eine breite Öffentlichkeitsarbeit sowie den Auf- bzw. Ausbau und die Vernetzung regionaler wirtschaftsnaher und frauenspezifischer Beratungsstrukturen wie der Regionalstellen „Frau und Beruf", wobei die Regionalstellen intensive Erst- und Aufschließungsberatung, die Kammern weiterführende Beratungen und Unterstützung leisten. Allerdings funktioniert diese Weiterleitung nicht immer reibungslos und oftmals eher einseitig von den frauenspezifischen zu den wirtschaftsnahen Verbänden.

Mittlerweile werden die Schwerpunkte der NRW-Gründerinnenpolitik in der Wachstumsförderung neu gegründeter bzw. junger Unternehmen gesetzt. Dazu hat das Land als Pilotprojekt im Münsterland einen sogenannten Unternehmerinnenbrief NRW eingeführt, der nach erfolgreicher Testphase auf das gesamte Land ausgeweitet werden soll (www.unternehmerinnenbrief.de). Gründerinnen und Unternehmerinnen mit Wachstumsplänen erhalten nach erfolgreicher Bewerbung die Möglichkeit, ihr Konzept vor einem Gremium aus Bankenvertretern, kommunalen Einrichtungen, Wirtschaftsorganisationen sowie Unternehmern/-innen zu präsentieren. Werden die Erfolgschancen des Vorhabens positiv eingeschätzt, wird der Unternehmerinnenbrief verliehen, der z.B. als zusätzliche Sicherheit bei Bankbewerbungen dienen soll.

2.3   Unternehmerische Infrastruktur

Neben den rechtlichen, wirtschafts- und förderpolitischen Rahmenbedingungen wird das unternehmerische Umfeld in Deutschland stark durch die unternehmerische Infrastruktur geprägt, die sowohl Förderangebote bereitstellt als auch über Lobbying unternehmerische Rahmenbedingungen verbessern will (Frick et al. 1998, S. 45f.). Zu nennen sind hier die öffentlichen und halb-öffentlichen (Förder-) Einrichtungen wie Kammern, Verbände, Technologie- und Gründerzentren, Transfer- und Entwicklungsagenturen sowie frauenspezifische Netzwerke und Verbände.

2.3.1   Kammern und Wirtschaftsorganisationen

Weitaus die meisten *Industrie- und Handelskammern sowie Handwerkskammern* halten ein spezifisches Angebot für Unternehmerinnen bzw. für Gründerinnen nicht unbedingt für sinnvoll (Felden et al. 1999). Eine gewisse Sensibilisierung für das Thema „Gründerinnen/Unternehmerinnen" zeigt sich bei den Dachverbänden im Hinblick auf die Unternehmensnachfolge; hier nehmen DIHK und ZDH an der Gemeinschaftsinitiative CHANGE/CHANCE teil. Bei den Handwerkskammern sind in den vergangenen Jahren einige frauenspezifische Angebote entwickelt worden. Im Vordergrund steht sowohl die Unterstützung der unternehmerischen Selbstständigkeit von Handwerkerinnen (z.B. berücksichtigen bei der Meistergründungsprämie die längeren Antragsfristen für Frauen deren Familienphasen) als auch spezifische Angebote für mitarbeitende Unternehmerfrauen (Qualifizierung zur Fachwirtin) und für Mädchen in der Phase der Berufswahl. Dazu zählt beispielsweise das von 1996 bis zum Sommer 2002 laufende Projekt „Neue Berufsfelder für Frauen, insbesondere im Handwerk", das vom Westdeutschen Handwerkstag (WHKT) betreut wurde. Während der Projektlaufzeit wurden in insgesamt sieben nordrheinwestfälischen Handwerkskammern und einer IHK spezielle Beratungsstellen eingerichtet, wobei das Handwerk nicht über frauenpolitische Themen, sondern über fachbezogene Bereiche – Fachkräftemangel, Personalentwicklung, Qualifizierungsoffensive u.ä. – erfolgreich angesprochen wurde. Offensichtlich hat dieses Projekt durchaus zu einer Sensibilisierung innerhalb der Handwerksorganisation geführt; so existieren mittlerweile auch Ausbildungsberaterinnen. Allerdings ist dieser Erfolg eher kurzfristiger Natur und deutet noch keinen langfristigen Bewusstseinswandel an, da für die Beratungsstellen nur projektbezogene Strukturen geschaffen werden konnten.

Schwach ausgeprägt ist bislang die Vertretung von Frauen in den haupt- und ehrenamtlichen Organisationsstrukturen dieser traditionellen Wirtschaftsorganisationen: Nach Angaben des Deutschen Industrie- und Handelskammertags (DIHK) sind in den 82 IHK auf der Ehrenamtsebene eine Präsidentin, dazu kommen vier Hauptgeschäftsführerinnen. Bei den 55 Handwerkskammern gibt es eine Präsidentin, eine Vizepräsidentin und sechs Hauptgeschäftsführerinnen. In den Expertengesprächen klang durch, dass Gründerinnen bzw. Unternehmerinnen die Kammern nicht unbedingt als geeigneten Ansprechpartner wahrnehmen. Damit lassen diese Zahlen den vorsichtigen Schluss zu, dass Frauen sich nicht unbedingt zu einem ehrenamtlichen Engagement in den traditionellen Verbänden verpflichtet fühlen, aber auch auf Organisationsebene auf Widerstände zu stoßen scheinen.

Initiativen von „Kammerfrauen", ihre eigenen Interessen zu vertreten, existieren erst wenige; ein erfolgreiches Beispiel ist der *Verein „Frauen u(U)nternehmen"* bei der IHK Münster. Hier ist die Kammer für logistische Aufgaben – Räume, Pressearbeit, Verwaltung des Interessentinnenpools – zuständig, während der Verein die Veranstaltungen – im Jahr zwei Fachtagungen, vier Abendseminare, zwei Business Brunchs – konzipiert und die Finanzierung abwickelt. 2002 gehören dem Verein 15 Mitglieder an, im Interessentinnenpool sind über 700 Unternehmerinnen eingetragen. Die Frage, ob dieses Modell auf andere Kammern übertragbar wäre und so zu einer Sensibilisierung in den haupt- und ehrenamtlichen Strukturen der Wirtschaftsorganisationen beitragen könnte, lässt sich nicht abschließend beantworten. Unabdingbare Voraussetzungen dafür sind Interesse und Eigeninitiative bei den Unternehmerinnen und die Bereitschaft zur Offenheit bei den Kammern. Fraglich bleibt deshalb, inwieweit ein ähnliches Modell erfolgreich von Kammerseite allein angestoßen werden könnte.

Bei den *Wirtschaftsverbänden*, die sowohl Unternehmern als auch Unternehmerinnen offen stehen, ist die Beteiligung von Frauen nur schwer nachzuvollziehen, da zum Einen bei Dachverbänden keine detaillierten Mitgliederzahlen vorhanden sind, zum Anderen geschlechtsspezifische Mitgliedszahlen oft nicht erhoben werden. So scheint der Frauenanteil sowohl unter den Mitgliedern als auch in den Gremien bei maximal 10% zu liegen, nimmt man die beiden Verbände, die diese Schätzungen nannten, als Indikator. Das sind der Bundesverband mittelständische Wirtschaft (BVMW), dem über 40 Organisationen und Verbände mit rund 51 000 Unternehmen angehören, sowie die Arbeitsgemeinschaft selbstständiger Unternehmer (ASU), in der 6 500 Eigentümer und Unternehmer organisiert sind. Bei einem Blick auf die Mitgliederzahlen von frauen-spezifischen Verbänden, die sich von maximal 1 700 bis zu wenigen hundert bewegen, würde diese grobe Schätzung bedeuten, dass ein nicht unerheblicher Teil der Unternehmerinnen in „traditionellen" Wirtschafts-verbänden organisiert wäre, allein im BVMW wären das mehr als 5 000 Unternehmerinnen. Die Angebotspalette der Verbände reicht dabei von generellen Netzwerkaktivitäten über praxisnahe Seminare bis hin zu Be-triebsbesuchen und Diskussionsrunden, spezifische Angebote für Unter-nehmerinnen und Gründerinnen werden nicht angeboten. Eine Ausnahme sind hier die *baden-württembergischen Unternehmerinnen im Bundes-verband der Selbstständigen (BDS)*, die sich mit den entsprechenden Landes- bzw. Regionalverbänden der Unternehmerfrauen im Handwerk (UFH) und des Verbands deutscher Unternehmerinnen zur „Partner-vereinigung Unternehmerinnen Baden-Württemberg" zusammenge-schlossen haben und auch im Deutschen Gründerinnenforum Mitglied geworden sind. Neben gemeinsamen Veranstaltungen steht aber vor al-lem auch die stärkere Vernetzung der Unternehmerinnen im Land im Vordergrund.

2.3.2   Frauenverbände und -netzwerke

Neben den großen Wirtschaftsverbänden mit gemischter Mitgliedschaft e-xistieren eine Reihe von Verbänden und Netzwerken, die gezielt und teil-weise ausschließlich Frauen ansprechen. Das Spektrum reicht von bun-desweit tätigen Verbänden über virtuelle Netze bis zu lokalen Gründerinnen- oder Unternehmerinneninitiativen. Eine Sonderstellung nimmt das *Deutsche Gründerinnenforum* (DGF) ein, das ein wichtiger Ak-teur auf Verbands- und Netzwerkebene ist. Beim DGF handelt es sich um ein bundesweites zentrales Netzwerk von Expertinnen und Beratungs- bzw. Förderinstitutionen sowie Vertreterinnen aus Ministerien. Die Ziel-setzung des DGF liegt vor allem im gesellschaftspolitischen Bereich. Im Vordergrund steht die Schaffung eines positiven Klimas für Gründungen von Frauen, Öffentlichkeitsarbeit für ein realitätsgerechtes Unternehme-rinnenbild sowie die konzeptionelle und methodische Weiterentwicklung von Beratungs- und Qualifizierungsprogrammen für Gründerinnen (Busch-mann 2002, S. 18). In Bezug auf letzteres strebt das DGF die Einführung von Qualitätsstandards an und hat beispielsweise einen Leitfaden für in der Gründungsberatung tätige Berater und Beraterinnen erstellt.

Der älteste Zusammenschluss mittelständischer Unternehmerinnen (zudem der einzige bundesweit und regional agierende Wirtschaftsverband nur für Frauen) ist der 1954 gegründete *Verband deutscher Unternehmerinnen* (VdU). Mitglieder wurden in den fünfziger Jahren vor allem „Erbinnen", die Unternehmen innerhalb der Familie übernahmen oder in das Unternehmen einheirateten. Im Vordergrund der VdU-Aktivitäten steht der branchenübergreifende Erfahrungsaustausch, dazu kommen Informationsangebote, Veranstaltungen zu aktuellen Themen und Weiterbildungsangebote. Rund 1 700 Unternehmerinnen sind im VdU Mitglied, ihre Unternehmen hatten im Jahr 2000 über 300 000 Beschäftigte, wobei dies Ein-Frau-Unternehmen ebenso wie relativ große Unternehmen einschließt. Der Vertretungsgrad des VdU liegt damit bei einer Gesamtzahl von rund 1 Mill. selbstständiger Frauen bei lediglich 0,2%, vergleichbar dem Vertretungsgrad der ASU für alle Unternehmen und Selbstständige – in konservativer Schätzung rund 3,6 Mill. –, während die größeren Wirtschaftsverbände mit „gemischter" Mitgliedschaft auf einen Vertretungsgrad für alle Unternehmen von beispielsweise 1,4% beim BVMW oder 2,8% beim BDS kommen.

Nach Einschätzung des VdU ist die Verbandslandschaft seit rund einem Jahrzehnt in einem tiefgreifenden Wandel begriffen. Viele Unternehmerinnen und Gründerinnen nehmen den VdU nicht – mehr – als geeignete Vertretung wahr; ihre Interessen fokussieren sich auf die lokale Ebene, dabei steht weniger Lobbyarbeit als die Kundenakquise im Vordergrund. Zugleich wandeln sich die Motive für eine Mitgliedschaft im VdU. Insbesondere bei neueren Mitglieder ist eine grundlegend andere Identifikation mit dem Verband zu beobachten: Sie fragen verstärkt nach Kosten und Nutzen der Mitgliedschaft, während ihnen nach Meinung des Verbands zunehmend der „Idealismus" der älteren Mitglieder fehlt. Eine Rolle dabei spielen auch fehlende zeitliche Ressourcen insbesondere in Einpersonenunternehmen. Allerdings ist der VdU auf das ehrenamtliche Engagement seiner Mitglieder angewiesen, auch kann die sich wandelnde Mitgliederstruktur zu Interessenskonflikten zwischen älteren Mitgliedern und den neuen Unternehmerinnen führen.

In den neunziger Jahren entstanden in diesem Zusammenhang – oftmals im Gefolge von Gründungsoffensiven der Bundesländer – eine Vielzahl *lokaler und regionaler Unternehmerinnen- oder Gründerinnenverbände bzw. -netze* (Sperling, May 2001). Bundesweit agieren beispielsweise der Verband Schöne Aussichten, der sich ausschließlich auf freiberuflich tätige

Frauen konzentriert und rund 700 Mitglieder hat, webgrrls als Netzwerkforum für Führungskräfte und selbstständige Frauen, die im Bereich neuer Medien tätig sind, sowie das 1993 gegründete Frauennetzwerk Connecta, dem rund 160 Mitglieder in acht Regionalgruppen angehören. Letzteres bietet ein gutes Beispiel für ein gründerinnen- und unternehmerinnenspezifisches Netzwerk, bei dem gegenseitiger Austausch und Unterstützung im Vordergrund stehen, während Aspekte der Interessensvertretung allenfalls implizit berücksichtigt werden. Das Netzwerk hat unter seinen Mitgliedern selbstständige Frauen und Unternehmerinnen aus allen Wirtschaftsbereichen und in allen Unternehmensphasen, wobei aber Wert auf ein gegenseitiges Geben und Nehmen gelegt wird. Zielsetzung ist es, Frauen in der beruflichen Selbstständigkeit Mut zu machen und ihr Selbstbewusstsein zu stärken.

Während das in den vergangenen Jahren entstandene breite Angebot an örtlichen und regionalen Initiativen und Netzwerken prinzipiell jeder Gründerin und Unternehmerin über die traditionellen Wirtschaftsorganisationen und -verbände hinausgehend einen raschen Zugang zu Informationen und gegenseitigen Austausch bietet, bleibt diese Auffächerung der Verbands- und Netzwerklandschaft nicht ohne Folgen. Als problematisch erweisen sich die geringen Mitgliederzahlen, die damit einhergehende fehlende Schlagkraft und fehlende bzw. begrenzte Reputation, erschwerend hinzu kommt eine häufig unzureichende professionalisierte Arbeit. Einige Expertinnen z.B. des DGF verweisen in diesem Zusammenhang auf die Notwendigkeit, die vielfältigen Initiativen vor allem auf regionaler Ebene besser zu bündeln. Ein erster Schritt in diese Richtung sind das *U-Netz* (www.u-netz.de), das viele Organisationen und Verbände für Gründerinnen virtuell zugänglich macht, sowie die vom BMFSFJ herausgegebene schriftliche Dokumentation dazu (Sperling und May 2001). Damit ist das Problem der besseren Abstimmung und auch der Reputation der Verbände und Netzwerke allerdings noch nicht gelöst, insbesondere mit Blick auf ihre Durchsetzungskraft in der Interessensvertretung. Der informelle und vor allem gegenseitige Austausch – Klüngeln – nimmt in vielen Verbänden und Netzen eine immer breitere Rolle ein, natürlich auch bedingt dadurch, dass das Internet interaktive Angebote wie auch eine rasche Erreichbarkeit ermöglicht; zugleich ist der direkte Nutzen einer Mitgliedschaft deutlich in den Vordergrund gerückt (Frerichs und Wiemert 2002).

2.4 Gesellschaftliche Einstellungen

2.4.1 Von der „Kriegsfolgeerscheinung" zum gängigen Berufsbild?

In den fünfziger Jahren waren Unternehmerinnen kaum akzeptiert. Die gesellschaftliche Einstellung ihnen gegenüber war eher ablehnend, teilweise verbunden mit ausgesprochen negativen Untertönen. So verwies 1954 der damalige Präsident des Bundesverbandes der deutschen Industrie (BDI) darauf, dass die Unternehmerinnen eine Kriegsfolgeerscheinung sind und „in wenigen Jahren wieder ganz von der Bildfläche verschwunden sein" werden (www.vdu.de/index1.htm, Abruf 10.9.2002). Hat sich das mittlerweile geändert? Die deutsche Kultur – wie überhaupt viele westliche Kulturen – interpretiert die Unternehmerrolle im wesentlichen als eine männliche. Das hat seine Wurzeln bereits in der späten Industrialisierung. Schmidt (2002) verweist darauf, dass das „Konzept des heroischen Einzelkämpfers", das an der Wende zum 20. Jahrhundert aufkam, sich als folgenreich für die Bestimmung von Unternehmertum als männliche Angelegenheit erwies, so dass Frauen als Unternehmerinnen lange Zeit nicht wahrgenommen wurden. Auch heute noch wird der Begriff „Unternehmer" implizit mit der Führungsperson größerer (Produktions-) Betriebe gleichgesetzt. Damit fühlen sich Frauen mit Kleinstunternehmen oder in freiberuflichen Praxen – selbst mit etlichen Beschäftigten – nicht unbedingt als Unternehmerin.

Hodenius unterscheidet in diesem Zusammenhang zwischen familien- und berufsorientierten Unternehmerinnenleitbildern, wobei beide Typen einem „...eher traditionellen weiblichen Lebensentwurf" folgen und geprägt sind von der „selbstverständlichen Akzeptanz gesellschaftlicher Rollenzumutungen und Verhaltensweisen." (Hodenius 1997, S. 295). Geschlechtstypische Stereotypen spielen eine große Rolle bei der Mobilisierung von Gründerinnenpotenzialen, da sie indirekt und direkt die konkrete Ausprägung und die Existenz von Rollenvorbildern – Unternehmerinnen – beeinflussen (können). Eine amerikanische Untersuchung fand beispielsweise heraus, dass weibliche Vorbilder individuelle (und darüber implizit auch gesamtgesellschaftliche) Veränderungen in der Wahrnehmung von Unternehmertum unterstützen können (Fagenson und Marcus 1991): So wiesen weibliche Beschäftigte in frauengeführten Unternehmen der Unternehmerrolle vor allem weibliche Persönlichkeitsmerkmale – z.B. emotional, unterstützend, freundlich – zu. Trotzdem dominierten sowohl in

frauen- als auch in männergeführten Unternehmen männliche Eigenschaften wie wettbewerbsorientiert, entscheidungsfreudig, unabhängig,
selbstbewusst etc.

Diese Klassifizierung von unternehmerischen Merkmalen in „typisch
Weibliches" und „typisch Männliches" steht einer positiven Wahrnehmung
der „Unternehmerin" allerdings im Wege, da die (deutsche) Gesellschaft
tendenziell männliche Eigenschaften positiver bewertet als weibliche
(Holst 2002, S. 92). All das kann sich sowohl auf die Gründungsneigung
wie auch auf Wachstumsorientierungen von Unternehmerinnen auswirken,
falls Frauen Unternehmertum für sich selbst als sozial sanktioniert wahrnehmen (Voigt und Kling 1997, S. 53). Studien konnten in diesem Zusammenhang immer wieder nachweisen, dass sich Erwerbshandlungen von
Frauen auch daran orientieren „was in der Gesellschaft als wünschenswer-
te und „richtige" Arbeitsteilung zwischen den Geschlechtern gilt." (Holst
2001, S. 12). Untersuchungen zum Berufsverhalten von ostdeutschen
Frauen nach der Wende zeigen beispielsweise, dass ein vermehrter Trend
zurück „ins Heim" stattfand, der verursacht war sowohl durch die mit der
Umstrukturierung der Wirtschaft einher gehende Arbeitslosigkeit, als auch
durch die Wiederbelebung traditioneller Werte (z.B. Meyer und Schulze
1995; Rocksloh-Papendieck 1995): Wieder eingeführt wurde das Konzept
der Männerarbeit, während zugleich die Doppelbelastung der Frauen durch
die Rückverlagerung von staatlichen Aufgaben in die Familien zunahm. In
dieser Hinsicht ist das deutsche Umfeld immer noch stark durch ein traditionelles Bild der Geschlechterrollen gekennzeichnet, was sich auch deutlich in den Medien und dem darüber vermittelten Unternehmerinnenbild
widerspiegelt (Achtenhagen und Welter 2003), damit aber das Gründungspotenzial von Frauen indirekt einschränkt (Welter et al. 2003).

2.4.2 Unternehmerinnen und Gründerinnen sichtbar(er) machen

Während das gesellschaftliche Umfeld Unternehmerinnen und Gründerinnen auch im 21. Jahrhundert durchaus noch ambivalent betrachtet, wurden
in den späten 1990er Jahren eine Reihe von Maßnahmen initiiert, die Unternehmerinnen in der Öffentlichkeit sichtbar(er) machen sollen und so auf
lange Sicht sicherlich auch zum Wandel gesellschaftlicher Einstellungen
beitragen (können). Dazu zählen beispielsweise branchenübergreifende
und fachspezifische *Tagungen und Messen*, die seit Mitte der neunziger

Jahre vielerorts veranstaltet werden (Sperling und May 2001, S. 19ff.). Sperling/May (2001) verweisen neben den für die teilnehmenden Frauen wichtigen Synergie- und Vernetzungseffekten auf die Dialogfunktion, die derartigen Veranstaltungen im Vorfeld mit Blick auf traditionelle Wirtschaftseinrichtungen wie Kammern zukommt. Weiterhin zählen dazu *Branchenbücher*, wie sie beispielsweise von den Regionalverbänden des Verbands Schöne Aussichten herausgegeben werden (eine Aufzählung mit Stand 2001 findet sich in Sperling und May 2001, S. 22ff.), und – insbesondere in der Wirkung auf Gründerinnen und Unternehmerinnen selbst – fachspezifische *Zeitschriften* wie die in Münster herausgegebene Gründerinnenzeitschrift Existenzielle (www.existenzielle.de).

Beliebt sind *individuelle Unternehmerinnengeschichten*, wie beispielsweise die „Unternehmerin des Monats" im virtuellen u-netz: Hier berichten monatlich wechselnde Unternehmerinnen in prägnanter Weise über ihre Erfahrungen mit dem Unternehmenswachstum. Diese Porträts können eindrücklich Probleme und Chancen der beruflichen Selbstständigkeit verdeutlichen und prägen zugleich – sofern sie in Medien wie der Tagespresse veröffentlicht werden – das Bild der Unternehmerin in der Öffentlichkeit mit. An Bedeutung gewonnen haben auch spezielle *Unternehmerinnen- und Gründerinnenpreise*. Nannten Sperling/May (2001) lediglich vier regionale Preise und verwiesen auf eine geringe Verbreitung dieses Instruments, konnte eine 2002 vorgenommene Internetrecherche bereits neben acht regionalen bzw. lokalen auch zwei bundesweite bzw. internationale Preise identifizieren (Welter et al. 2003).

Die meisten Preise haben ein regional oder sogar lokal begrenztes Einzugsgebiet und werden in einigen Fällen neben örtlichen Sponsoren von den landesweiten Gründungsoffensiven unterstützt. Bundesweit wurden zwei Preise identifiziert. Der IDEE-Förderpreis steht dabei als einziger bundesweiter Preis auch Gründerinnen offen, teilnehmen dürfen Unternehmerinnen, deren Unternehmen nicht länger als drei Jahre besteht, sowie Frauen mit einer innovativen Gründungsidee in einem tragfähigen Wirtschaftssektor. In der Regel gefordert sind neue Produkte bzw. Dienstleistungen, innovative Arbeitsformen oder pfiffige Ideen, so der VISION-Unternehmerinnenpreis der Region Aachen. Der Hamburger Preis „bizzy" hat einen breiteren Ansatz: Er wird nicht nur für ungewöhnliche Geschäftsideen bei Neugründungen, sondern auch für hervorragende Frauenförderung in einem Unternehmen oder für besonders frauenfreundliche Produkte oder Dienstleistungen verliehen. Der von der Kaffeerösterei

Darboven gestiftete IDEE-Förderpreis bewertet neben dem Neuigkeitswert und dem kommerziellen Konzept auch das persönliche Engagement und die Zahl der neuen Arbeitsplätze.

Die bisherigen Ergebnisse zeigen eine durchaus beachtliche Resonanz. So hatten sich bei der erstmaligen Ausschreibung des VISION-Unternehmerinnenpreises in der Region Aachen im Jahr 2000 bereits 61 Unternehmerinnen beworben, sechs Konzepte kamen in die nähere Wahl und drei wurden ausgezeichnet. Das Spektrum der Preisträgerinnen reichte dabei von Dienstleistungen im Gesundheitsbereich bis hin zur internetbasierten Marktforschung. Beeindruckend erscheint auch die Arbeitsplatzbilanz der sechs besten Unternehmerinnen, die seit der Gründung insgesamt 85 Beschäftigungsmöglichkeiten, davon allein 52 für Frauen schufen, was mit einem Durchschnitt von 14 neuen Arbeitsplätzen innerhalb der ersten fünf Jahre deutlich über dem Bundesdurchschnitt von 4,5 liegt.

Beim 2002 erstmalig vergebenen Beate-Uhse-Unternehmerinnenpreis, der im Rahmen des Wirtschafts- und Kulturfestivals in Schleswig-Holstein der Preisträgerin – einer Unternehmerin mit einem familienorientierten Hotelkonzept – überreicht wurde, bewarben sich insgesamt 44 Frauen, fünf wurden zur Vorstellung eingeladen. Der Preis der Super-Illu findet ebenfalls breite Resonanz: im Jahr 2002 sind bislang rund 800 Bewerbungen eingegangen. Dies hat natürlich damit zu tun, dass sich hier ein Massenmedium mit beträchtlichem Verbreitungsgrad des Themas angenommen hat. Auf bundesweiter Ebene, so beim IDEE-Förderpreis bewerben sich jährlich rund 1 300 Frauen. Der Veuve-Cliquot-Preis ist ähnlich wie der Beate-Uhse-Preis eng mit der Firmengeschichte des Hauses – erfolgreiche Unternehmerin – verknüpft. Er ist in Deutschland augenscheinlich der älteste Unternehmerinnenpreis und wird in weltweit elf Ländern verliehen.

Die Preissummen bieten den Unternehmerinnen bzw. Gründerinnen insbesondere bei den regionalen Preisen eine eher nominelle Anerkennung, nur bei den überregionalen und von Unternehmen gestifteten Preisen sind die Summen eine nennenswerte geldliche Unterstützung. Wichtiger zu bewerten, und zwar nicht nur für die ausgezeichneten Frauen, sind jedoch Imagewirkung und Vorbildfunktion. Besonders vorteilhaft erscheint die Zusammenarbeit mit einem populären Massenmedium – Super-Illu – oder die Preisstiftung durch renommierte und international bekannte Unternehmen. Die Tatsache, dass heute journalistische Massenmedien sowohl der

schreibenden als auch der elektronischen Zunft bereit sind, sich für Gründungen und spezielle Gründerinnen zu engagieren, ist als positives Zei-
chen für ein Umdenken der Öffentlichkeit in diesen Fragen zu werten[2].

Alle Preise gehen mit einer sehr breiten Öffentlichkeitsarbeit und großer
Presseresonanz einher, wenngleich sich diese auch bei den bundesweiten
Preisen auf den Sitz des Stifters und den jeweiligen Ansiedlungsort der
Unternehmerin bzw. Gründerin beschränkt. Von einer großen Presseresonanz ist natürlich nicht automatisch auf einen entsprechenden Werbeeffekt
unter den Adressatinnen zu schließen, dieser sollte empirisch erkundet
werden. In die Auswahl der Preisträgerinnen sind in der Regel „traditionelle" Wirtschaftseinrichtungen eingebunden, was ebenfalls als Vorteil zu
werten ist. So setzen sich die Jurys beispielsweise bei dem VISION-
Unternehmerinnenpreis oder dem Unternehmerinnenpreis Emscher-Lippe
aus Vertretern bzw. Vertreterinnen der örtlichen Wirtschaftseinrichtungen
und kommunaler Stellen – Kammern, Wirtschaftsförderung –, Finanzierungsinstitutionen, relevanten Landesministerien und Unternehmerinnen zusammen. Beim IDEE-Förderpreis waren es namhafte Persönlichkeiten der
Politik und Wirtschaft neben Unternehmerinnen aus der Hansestadt Hamburg, dem Sitz des stiftenden Unternehmens.

Mit dieser gelungenen Kombination sind gute Voraussetzungen für einen
langfristigen Bewusstseinswandel bei allen Beteiligten wie auch – dank
der Diffusion über mediale Kanäle – in der Öffentlichkeit geschaffen worden. Wie wichtig dies ist, demonstriert ein Blick auf den von dem renom-
mierten Wirtschaftsprüfungsunternehmen Ernst & Young initiierten Wettbewerb zum „Entrepreneur des Jahres" (www.entrepreneur-des-jahres.de,
Abruf 13.9.2002). Nicht nur dürften sich viele Unternehmerinnen von der
männlichen Anrede nicht angesprochen fühlen. Auch ist in der Galerie der
bisherigen Preisträger der vergangenen vier Jahre unter den insgesamt 31
Preisträgern lediglich eine Frau zu finden.

---

[2] Noch zu häufig vermitteln viele Druckerzeugnisse wirtschaftsnaher Einrichtungen berufliche Selbstständigkeit als „männliches Phänomen" (Detmers 2001,
S. 35) und werden Unternehmerinnen in Massenmedien ausgeblendet bzw.
wird ein recht traditionelles Bild von ihnen übermittelt (Achtenhagen und
Welter 2003).

2.5 Unternehmensfinanzierung – ungewollte Diskriminierung?

2.5.1 Förderbedarfe und Zugangsrestriktionen

Haben Gründerinnen und Unternehmerinnen spezifische Förderbedarfe? Hier spielen unter anderem die Ressourcenbasis der Gründerinnen, ihr Informationsstand, der Branchenzusammenhang der Gründung und der weitere (gesamt-)wirtschaftliche Kontext eine Rolle. Generell kam die Forschung bislang zu keinem Konsens. Kim und Gaskill (1995) fanden beispielsweise keine geschlechtsspezifischen Unterschiede in Förderbedarfen, während CEEDR et al. (2000) argumentieren, dass die Probleme von Unternehmerinnen im Allgemeinen größer sind als diejenigen von Neugründungen oder bestehenden kleinen und mittleren Unternehmen. Dies ist angesichts der strukturell ungünstigeren Ausgangssituation, in der sich Gründerinnen häufig befinden, auch eher wahrscheinlich.

Als für eine Gründung wichtiges *Humankapital* identifizierten Studien die (berufliche) Ausbildung und (Leitungs-)Erfahrungen (z.B. Cooper und Dunkelberg 1986; Evans und Leighton 1990; Lohmann und Luber 2000), während gerade Frauen aufgrund familienbedingter Berufsunterbrechungen oftmals über geringere Berufs- und Leitungserfahrungen verfügen (Jungbauer-Gans und Preisendörfer 1992). Alterseffekte wirken auf das gründungsrelevante Humankapital grundsätzlich sowohl verstärkend, weil mit den Lebensjahren Kompetenz und Selbstvertrauen wie auch berufliche Erfahrung steigen, als auch abschwächend, da mit beruflicher und familiärer Etablierung gleichzeitig eine sinkende Neigung zur beruflichen Mobilität einhergeht (Klandt 1984). Bei Frauen ist entgegen diesem allgemeinen Trend allerdings zu berücksichtigen, dass Kindererziehungszeiten auch zu einem relativ „späten" Gründerinnenalter führen können, ohne dass sich damit die Humankapitalausstattung wesentlich verbessert.

Weiterhin belegen eine Reihe von Studien Defizite im *sozialen Kapital* von Frauen, beispielsweise für unterstützende Netzwerk- und Geschäftsbeziehungen (Jungbauer-Gans 2000, Caputo und Dolinsky 1998). Das bezieht sich nicht nur auf die begrenzte Reichweite und Diversität von Sozialkapital, sondern auch auf die Tendenz von Frauen, sich auf so genannte schwache Beziehungen zu konzentrieren (Jungbauer-Gans 2000, Meyer und Harabi 2000, Döbler 1998, Aldrich 1989), während für den Unternehmenserfolg eher starke Beziehungen ausschlaggebend sind (Brüderl und Preisendörfer 1998). Renzulli et al. (1999) verweisen zusätzlich darauf, dass Netzwerke von Frauen sich im Vergleich zu Männernetzwerken vor allem durch einen größerem Anteil von Verwandtschaftsbeziehungen auszeichnen. Jedoch fallen auch in Bezug auf einen möglicherweise geschlechtsspezifisch differierenden Einfluss von Sozialkapital und damit Ansatzpunkte für eine geschlechtsspezifisch differierende Förderung die wissenschaftlichen Positionen weit auseinander; McManus (2001) vertritt deshalb die Meinung, ein generell positiver Einfluss von Netzwerken und Beziehungen auf Gründungen und Unternehmen wäre empirisch noch nicht nachgewiesen.

Eng in Zusammenhang mit möglichen geschlechtsspezifischem Förderbedarf steht die Frage danach, ob *potenzielle Gründerinnen einen eingeschränkten Zugang zu Förderprogrammen* haben und darüber bereits im Vorfeld abgeschreckt werden. Obwohl dies in Studien immer wieder angesprochen wird, ist die Forschung auch hier bislang zu keinen schlüssigen Ergebnissen gekommen. Mit Bezug auf Finanzierung identifizierten Carter und Rosa (1998) vier mögliche Bereiche, in denen Gründerinnen und Unternehmerinnen auf Probleme stoßen: Das betrifft die Mobilisierung von Gründungskapital, die Stellung von Kreditsicherheiten und Probleme bei der Wachstumsfinanzierung, da Frauen der Zugang zu informellen Finanzierungsnetzwerken eher fehlt. Verschärfend treten möglicherweise geschlechtsspezifische Stereotypen und diskriminierendes Verhalten von Bankern hinzu, obschon Buttner und Rosen (1992) auch darauf verwiesen, dass Frauen Kreditablehnungen schneller auf Diskriminierung und seltener auf Schwachstellen im Konzept zurückführen.

Coleman und Carsky (1996) fanden heraus, dass Unternehmerinnen informelle Finanzierungsquellen bevorzugen. Das kann jedoch sowohl auf Schwierigkeiten mit Kontakten zu Banken und anderen Finanzinstitutionen als auch darauf zurückzuführen sein, dass Unternehmerinnen Bankkredite als zu risikoreich ansehen. Swire (1995, zitiert bei Kehlbeck und Schneider 1999, S. 10) weist in diesem Zusammenhang darauf hin, dass diese Art des Finanzierungsverhaltens durchaus rational begründet sein kann, wenn Frauen eine Diskriminierung aufgrund ihres Geschlechts voraussetzen und deshalb nicht in ihre „formale" Kreditwürdigkeit investieren.

Verheul und Thurik (2001) argumentieren zwar mit geschlechtsspezifischen Unterschieden in der Art der Gründungsfinanzierung, konnten im Rahmen ihrer Untersuchung jedoch nur die altbekannte Tatsache der geringeren Kapitalausstattung nachweisen. Eine jüngere Studie von Coleman (2000) verweist auf Unternehmensgröße und –alter als im Vergleich zu Geschlecht wichtigere Einflussfaktoren für den Einsatz von externen Finanzierungsquellen. Andere Studien analysieren den Umgang zwischen Unternehmerinnen bzw. Unternehmern und den Mitarbeitern von Finanzinstitutionen (z.B. Hokkanen et al. 1998, Dant et al. 1996, Buechler 1995). Auch hier konnten keine signifikanten geschlechtsspezifischen Unterschiede festgestellt werden. Hokkanen et al. (1998) bestätigten für finnische Unternehmerinnen und Unternehmer grundlegend vergleichbare Kreditbeziehungen, fanden aber gleichzeitig, dass Frauen wesentlich seltener Kredite beantragen. Buechler (1995) sieht die Gründe dafür in einer männlich dominierten Organisationskultur in den Finanzierungsinstitutionen.

Zugleich können (geplante) Unternehmensgröße, Art des Vorhabens – Teilzeitunternehmen, Nebenerwerb – und Standort – zuhause – die generelle Legimität des Vorhabens gegenüber Kreditgebern in Frage stellen (Mirchandani 1999). Hansch und Piorkowsky (1997) verweisen in diesem Kontext auf die in vielen Fällen engen und rekursiven Beziehungen zwischen Haushalt und Unternehmen, sowohl bei der Finanzierung, wenn finanzielle Engpässe des Unternehmens beispielsweise über das Haushaltsbudget finanziert werden, als auch beim Geschäftserfolg. Eine unzureichende Glaubwürdigkeit (der Vorhaben) von Gründerinnen und Unternehmerinnen wird in internationalen Studien oft als problematisch für den Zugang zu externer Finanzierung genannt (Carter und Cannon 1989). Die OECD (2000, S. 54) verweist darauf, dass bei geschlechtsspezifischen Schwierigkeiten der Kreditfinanzierung ein weiblicher, nicht traditioneller Denkstil sowie mangelndes Selbstvertrauen der Unternehmerinnen gegenüber Gesprächspartnern, die Gründerinnen und Unternehmerinnen rasch als inkompetent einstufen, eine wichtige Rolle spielen. Unzureichende bzw. fehlende Erfahrungen in Finanzmanagement und Controlling können dies verstärken (Orhan 2001), insbesondere dort, wo Frauen aufgrund von Karriereunterbrechungen entsprechende Weiterbildungsmöglichkeiten fehlen (Jungbauer-Gans und Preisendörfer 1992).

Nur wenige Studien haben sich schließlich mit der Frage des *Zuganges zu externem Kapital von Frauen* auseinandergesetzt. Für Deutschland basieren diese Untersuchungen entweder auf kleinen regionalen oder lokalen empirischen Studien (z.B. Döbler 1998; Kehlbeck und Schneider 1999) oder auf nicht repräsentativer Evidenz aus Fallstudien (z.B. Welter 2000a, 2000b). Die vorliegenden Ergebnisse deuten jedoch an, dass Gründerinnen und Unternehmerinnen offensichtlich vermehrt Probleme mit Banken haben (können). So zitiert Döbler (1998) eine Studie für Baden-Württemberg aus dem Jahre 1992, in der jede vierte der insgesamt 59 interviewten Unternehmerinnen auf Schwierigkeiten im Umgang mit Banken verwies.

Interessante Unterschiede im Finanzierungsverhalten und – nicht überraschend – den Finanzbedarfen von Männern und Frauen, wobei erstere Ergebnisse durchaus auf einen problematischeren Zugang von Frauen zu Banken hindeuten, zeichnen sich auch in der Untersuchung von Kehlbeck/Schneider (1999) ab, wenngleich die empirische Basis äußerst dürftig ist. Angeschrieben wurden in Hamburg 492 gründungsinteressierte Frauen und Männer, die im Jahr 1995 an einem Coachingprogramm im Rahmen der Hamburger Existenzgründungsinitiative teilgenommen hatten; 35 Gründerinnen und 45 Gründer nahmen an der Umfrage teil. Die Frauen in der Studie hatten dabei im Durchschnitt einen deutlich geringeren Kapitalbedarf als die Männer, und zwar sowohl bei Betriebsmitteln als auch bei Investitionsmitteln. Insgesamt greifen weniger Frauen auf Fremdkapital zurück und finanzieren sich eher über Eigenkapital, Sacheinlagen und informelle Kredite aus dem Freundeskreis und von Verwandten.

Ein grundsätzlich anderes Verhalten zeigte sich in dieser Studie auch bei der Information über Fremdkapital: So kamen auf jede Gründerin ohne Kreditgespräch nur 1,6 Gründerinnen mit Bankgespräch, während dieses Verhältnis bei den Männern bei 3,6 lag. Frauen empfanden sich zudem häufiger als Männer in der Position eines Bittstellers im Bankgespräch: Mehr als die Hälfte der Männer und fast zwei Drittel der Frauen stuften sich derart ein. Dies spiegelt sich auch in der schlechten Gesamtbewertung für Banken; so bewerteten fast zwei Drittel der Gründerinnen und zwei Fünftel der Gründer die Bank als nur ausreichend, mangelhaft oder ungenügend. Schließlich nutzten Frauen zur Vorbereitung auf Bankgespräche neben professionellen Beratern vor allem informelle Kontakte, während Männer vorwiegend auf Kammern, die Hamburger Gründungsinitiative oder professionelle Berater zurückgriffen. Interessanterweise hatten in dieser Studie Männer eine höhere direkte Ablehnungsquote – Weigerung der Bank – zu verzeichnen, wohingegen ein beachtlicher Teil der Frauen auf indirekte Zugangsschwierigkeiten hinwies, da ihre Gründungsideen und Finanzbedarfe nicht durch geeignete Förderprogramme abgedeckt werden konnten. Das wirft erneut die Frage nach geschlechtsspezifischen Zugangsrestriktionen auf, der im nächsten Abschnitt am Beispiel finanzieller Förderung nachgegangen werden soll.

2.5.2   Finanzielle Förderung

Grundsätzlich spricht die finanzielle Gründungsförderung einen breiten Adressatenkreis an, wobei zwischen spezifischen und Massenprogrammen unterschieden werden muss. Einige Länderprogramme, die speziell nur für Gründerinnen ausgerichtet sind oder spezielle Regelungen für diese enthalten, grenzen den Adressatenkreis stark ein, was in der Regel im genuinen Zusammenhang mit einer präzisen Zielbestimmung und Instrumentenwahl steht. *Spezielle Darlehensprogramme für Gründerinnen* haben beispielsweise die Länder Niedersachsen, Mecklenburg-Vorpommern und Schleswig-Holstein aufgelegt. Das nordrhein-westfälische Modellprojekt „Vereinfachtes Hausbankenverfahren", bei dem die Antragsbearbeitung über die Investitionsbank abgewickelt wurde und das Land die volle Haftung übernahm, ist in seinen Grundzügen im Startgeld aufgegangen und wird nicht weiter angeboten, insbesondere, da beim Startgeld die Bewilligung rascher vonstatten geht. Diese Art von Programmen erreicht in der Regel eine relativ geringe Zahl von Teilnehmerinnen. In Mecklenburg-Vorpommern beispielsweise wurden im Zeitraum von 1996 bis 2000 rund 200 Gründerinnen gefördert.

Spezielle Regelungen für Gründerinnen bzw. Unternehmerinnen enthält beispielsweise das nordrhein-westfälische GuW-Programm, das gemeinsam mit der DtA abgewickelt wird: Es erlaubt – entgegen der DtA-Regelung – die Förderung für Wiedereinsteigerinnen auch ohne Branchenvorkenntnisse. Interessant ist auch die Förderung von Gründerinnen in Mecklenburg-Vorpommern ohne Hausbank, sofern zwei schriftliche Ablehnungen vorliegen und das als Spezifizierung des DtA-Existenzgründungsprogramms angeboten wurde (Kehlbeck und Schneider 1999, S. 29). Grundsätzlich ist aus ordnungspolitischen Erwägungen diese Art der Ausgestaltung der Auflage zielgruppenspezifischer Programme vorzuziehen.

Die *„Massenförderprogramme"* der Spezialkreditinstitute des Bundes dagegen stellen ein bewährtes Grundförderangebot mit niedriger Subventionskomponente bereit, das eine Stärke des deutschen Fördersystem im Vergleich zur Gründungs- und Unternehmensförderung der meisten anderen Industrieländer darstellt. Hier zeigt eine Untersuchung der mit DtA-Mitteln geförderten Gründerinnen – zwar beschränkt auf Schleswig-Holstein, dass Fördermittel für viele Frauen eine ausschlaggebende Rolle zu spielen scheinen: So gaben immerhin 39,3 % der Gründerinnen an, ohne diese Mittel nicht gegründet zu haben, während knapp ein Viertel der Männer zwar gegründet, aber ein kleineres Vorhaben umgesetzt hätte, verglichen mit nur 17 % der Frauen (Kuhn und Thomsen 1998, S. 44).

Einen ersten Hinweis auf den möglicherweise eingeschränkten Zugang von Gründerinnen bzw. Unternehmerinnen zur Finanzierungsförderung liefern die geschlechtsspezifischen Beteiligungsquoten in diesen Massenprogrammen. Die wenigen dazu vorliegenden Studien (Nasner 1994, Piorkowsky 2002, Schmude 1998, Tchouvakhina 2001, 2002) und empirische Daten von der DtA zeigen ein weitgehend einheitliches Bild, wobei zu Pilotprojekten der Mikrofinanzierung auf regionaler Ebene wie z.B. MONEX, Siebte Säule, Exis keine geschlechtsspezifischen Zahlen der Nutzung vorliegen. Generell ist der Frauenanteil in den „klassischen" großen Finanzprogrammen wie Eigenkapitalhilfe und den ERP-Programmen im Zeitverlauf eher rückläufig. Im Jahr 2001 liegt dieser Anteil zwischen 21,2% beim ERP und 23% beim EKH. In letzterem bewegte sich die westdeutsche Frauenquote von 1990 bis 2001 zwischen 20 und 21%, die ostdeutsche Frauenquote lag mit 25 bis 31% darüber. Gestiegen sind im allgemeinen die Fördervolumina, wenngleich Frauen unabhängig vom Programm immer noch geringere Summen beantragen als Männer. Das 1999 eingerichtete Startgeld hat insgesamt eine wesentlich bessere Beteiligung von Frauen zu verzeichnen. Hier liegt die Beteiligungsquote der Frauen seit Beginn bei 36% und damit weit über der derzeitigen Selbstständigenquote von Frauen; bei insgesamt 6% der geförderten Gründungen handelt es sich um Nebenerwerbsgründungen (Tchouvakhina 2002). Auch hier sind wieder regional differierende Beteiligungsquoten für Frauen zu beobachten: Im Westen lag der Anteil der geförderten Frauen zwischen 34 und 36%, im Osten zwischen 38 und 42%. Insgesamt wurden in den drei Jahren seiner Laufzeit fast 6 500 Frauen gefördert, davon allein 80% in den alten Bundesländern.

Die für alle betrachteten Programme durchweg niedrigeren Beteiligungsquoten von Frauen lassen allerdings nicht den einheitlichen Schluss zu, dass Gründerinnen und Unternehmerinnen einen erschwerten Zugang zu Fördermitteln hätten. Dazu ist die quantitative Betrachtung um qualitative Komponenten zu ergänzen. In Anlehnung an Kehlbeck/Schneider (1999) und Piorkowsky (2002) sind als qualitative Kriterien folgende Punkte heranzuziehen: Generell geeignet sind Programme, die auf kleine Gründungsgrößen, geringe Finanzbedarfe, einen höheren Bedarf an Umlaufvermögen sowie Nebenerwerbs- und Teilzeitgründungen ausgerichtet sind, und ebenfalls Dienstleistungen und Freien Berufen offen stehen.

Tabelle 1 zeigt die darauf basierende Einstufung der wichtigsten Kreditprogramme. Viele dieser Kriterien treffen generell auf die jüngst eingerichteten Mikrofinanzierungsprogramme zu. In diesem Zusammenhang ist aber

Tabelle 1.   Qualitative Bewertung ausgewählter Finanzierungsprogramme

Programme	Sektor/Branche Art der Gründung		Fördersummen		Eigenkapital/ Sicherheiten		Zweck	
EKH – Eigenkapital-darlehen	Gewerbe, Freie Berufe	++	Max. 500 000 €	–/+	Persönliche Haftung	–/+	Investitionen, Kosten der Markter-schließung	–
ERP – Kredit	Gewerbe, Freie Berufe ohne Heilberufe	+	Max. 1 Mill. €	–/+	Eigenes Kapital muss eingebracht werden	–	Investitionen, Kosten für Material, Handels-waren, etc.	–
DtA-Startgeld	Gewerbe, Freie Berufe, anfänglich Teilzeitgrün-dung möglich	++	Max. 50 000 €	++	Banktübliche Sicherheiten, 80 % Haf-tungs-freistellung	+	Investitionen, inkl. intangible, Betriebs-kapital	++
DtA-Mikrokredit	Gewerbe, Freie Berufe, anfänglich Teilzeitgrün-dung möglich, zweite Chance für gescheiterte Unternehmer, junge Firmen (< 3 Jahre)	++	Max. 25 000 €	++	Banktübliche Sicherheiten, 80 % Haf-tungs-freistellung	+	Investitionen, Betriebs-kapital	++
BTU – Beteili-gungskapital	Technologie-orientierte, innovative Unternehmen	–	Max. 1,5 Mill. €	–	Keine	++	Produkt- & Marktent-wicklung	–/+
KfW Mittel-stands-förderungs-programm	Alle Gewerbe, Freie Berufe	++	Max. 5 Mill. €	–/+	Banktübliche Sicherheiten (Ostdeutsch-land: 50 % Haftungs-freistellung	–/+	Investitionen	–
BA Über-brückungsgeld	Alle Gewerbe, Freie Berufe	++	Arbeitslosen-geld, Sozial-versicherungs-beiträge für 6 Monate	++	Keine	++	Lebens-unterhalt	++

Nach Piorkowsky (2002) und eigenen Recherchen.

auch festzustellen, dass Gründerinnen der Zugang durch die Ausgestaltung vieler klassischen Finanzierungsprogramme faktisch verwehrt wird, so beispielsweise dort, wo Programme sich auf große, gewerbliche Gründungen mit hohem Investitionsvolumen konzentrieren (Piorkowsky 2002, S. 40), keine Nebenerwerbs- bzw. Teilzeitgründungen erlauben oder Heilberufe nicht fördern. Das trifft nicht nur für viele der klassischen Finanzierungsprogramme zu, sondern beispielsweise auch für das technologieorientierte Frühphasenprogramm der tbg und des Bundeswirtschaftsministeriums (Piorkowsky 2002, S. 21).

Diese faktische Einschränkungen für Gründerinnen und Unternehmerinnen, entsprechende Programme in Anspruch zu nehmen, führt indirekt ein Element der Willkür in das Fördersystem ein. Abhilfe schaffen hier generell breitere Zugangsbestimmungen wie es beispielsweise mit der Ausweitung auf Nebenerwerbsgründungen im Fall des Startgelds auf Bundesebene, bei der Starthilfe Baden-Württemberg auf Landesebene (Jung und Habschick 2001, S. 10) oder im neu eingerichteten Mikrokredit für Gründungen und junge Kleinstunternehmen mit weniger als zehn Beschäftigte geschehen ist. Kritisch anzumerken ist allerdings, dass in den meisten dieser Programme – auch bei den Mikrofinanzierungen – der anfängliche Nebenerwerb langfristig in eine Vollerwerbsexistenz münden muss. Auch sind beide DtA-Programme keine „echten" Mikrokreditangebote, da die Kredite in banküblicher Weise abgesichert werden müssen; hier dürfte insbesondere im Gefolge der Basel-II-Diskussion auch die 80-prozentige Haftungsfreistellung Banken kaum zur vermehrten Vergabe dieser Darlehn motivieren.

Als weiterer kritischer Punkt bleibt zu vermerken, dass sich für das Startgeld höhere Ausfallquoten abzeichnen (www.enterprising-women.de/docu2002/inhalte/docu_ws7_d.htm), was auf die kleinen Gründungsgrößen zurückgeführt wird. Offensichtlich wird das Startgeld auch für solche Gründungsvorhaben nachgefragt, die eigentlich einen höheren Finanzierungsbedarf hätten, so dass aufgrund der anfänglichen Unterkapitalisierung relativ rasch finanzielle Engpässe auftreten. Die grundsätzliche Frage, die sich hier mit Blick auf den Finanzierungszugang von Gründerinnen anschließt, ist diejenige nach der langfristigen Bestandsfestigkeit mikrofinanzierter Gründungsvorhaben. Insbesondere Mikrokreditprogramme auf Länder- bzw. lokaler Ebene gehen in dieser Hinsicht einen anderen und vielversprechenderen Weg, indem sie ihre Mikrokredite in ein umfassendes Förderpaket – Beratung, Coaching, Peergroup-Lending – integrieren.

2.6 Schlussfolgerungen

Grundsätzlich hat sich das politische und gesellschaftliche Umfeld im Hinblick auf die Mobilisierung von Gründerinnenpotenzialen in den vergangenen Jahrzehnten im Großen und Ganzen positiv entwickelt. Es sind aber auch noch Ansatzpunkte für weitere Verbesserungsmöglichkeiten – vor allem in der Steuer- und Familienpolitik, die immer noch einem veralteten Rollenmodell verhaftet ist – zu erkennen. Schwächen zeigen sich deshalb hinsichtlich der gesellschaftlichen Einstellungen, und zwar sowohl in der Öffentlichkeit als auch innerhalb „traditioneller" Fördereinrichtungen, wenngleich in den vergangenen Jahren der gesellschaftliche Wandel auf vielen Ebenen angestoßen wurde. Spezifische Stärken in der institutionellen Infrastruktur sind vor allem das flächendeckende Angebot an Mesoeinrichtungen und Förderinfrastrukturen, das generell einen leichten Zugang zur Förderung erlaubt. Kritisch kann sich hier allerdings die „Gatekeeper"-Funktion der Hausbank auswirken, nicht nur beim Zugang zur finanziellen Förderung, sondern allgemein bei der Vergabe externen Kapitals, obschon gerade in dieser Frage weiterer Forschungsbedarf erkennbar ist.

Zudem bleibt insbesondere in den klassischen finanziellen Massenprogrammen – wie z.B. der Eigenkapitalhilfe – Frauen faktisch der Zugang verwehrt, und zwar aufgrund der Ausgestaltung der Programme, die in der Regel keine Mikrokredite ausgeben, oftmals Heilberufe nicht fördern sowie generell keine Teilzeitexistenzen. Hier zeigt sich mit Blick auf die Mobilisierung von Gründerinnenpotenzialen eine deutliche Schwäche der gesamten heutigen Gründungsförderung, die in ihren Grundzügen immer noch zu stark am Aufbau von Vollerwerbsexistenzen ausgerichtet ist (so auch Piorkowsky 2002, S. 87). Bislang lassen nur einzelne Programmbestandteile (z.B. PFAU in Nordrhein-Westfalen oder das Startgeld der DtA) auch den Aufbau von Gründungen im Teilzeit- bzw. Nebenerwerb zu und erkennen damit die Tatsache an, dass der Weg in die Selbstständigkeit vor allem von Frauen im Nebenerwerb „ausprobiert" wird und so Ideen und eigene Fähigkeiten zunächst getestet werden (Piorkowsky 2001, Welter 2000a).

Die spezifische Gründerinnenförderung auf Länderebene erscheint als „Auslaufmodell", ohne dass damit der grundsätzliche Nutzen einer intensiven und zielgruppenspezifischen Unterstützung in Abrede gestellt werden soll. Anlass hierfür ist die Erkenntnis, dass Gründerinnen sich den grundlegend gleichen Problemen gegenübergestellt sehen wie ihre männlichen Kollegen. Mit dem Branchenkontext, dem beruflichen Werdegang, der persönlichen Finanzierungsbasis und ähnlichen Faktoren verbundene Probleme überwiegen in vielen Fällen gegenüber den eigentlichen gender-spezifischen, was freilich an der grundsätzlichen strukturellen „Diskriminierung" der Frauen im beruflichen Kontext im allgemeinen und im Kontext von Entrepreneurship und beruflicher Selbstständigkeit nichts ändert.

Mehr und mehr erscheint deshalb fraglich, ob spezielle „Gründerinnenprogramme" das beste Instrument sind, um dieses strukturelle Defizit der Frauen auszugleichen. Mirchandani (1999) gibt in diesem Zusammenhang zu bedenken, dass ein Förderansatz, der sich auf die Behebung vermeintlich geschlechtsspezifischer Problemlagen konzentriert, diese Barrieren in den individuellen Raum zurückverweist: „What is needed, it is therefore suggested, is for women to train or educate themselves better, develop more appropriate networks and mentoring relationships, and reassign domestic work." Nach Meinung der Autorin zieht eine derartige Unterstützungsstrategie die Aufmerksamkeit der Politiker von den möglicherweise unzureichenden gesamtwirtschaftlichen und -gesellschaftlichen Rahmenbedingungen ab. Die jüngere Diskussion in Forschung und Politik sieht deshalb zu Recht von der Suche nach geeigneten spezifischen und einzelbetrieblich bzw. individuell ausgerichteten Maßnahmen ab, und konzentriert sich zunehmend auf die Frage danach, wo das Umfeld so verbessert werden kann, dass Gründerinnenpotenziale mobilisiert und Frauen für eine eigene unternehmerische Tätigkeit motiviert werden.

Hier stellt sich die Frage nach dem „optimalen Mix" von Rahmen- und Förderpolitiken, die sich freilich niemals einfach und schon gar nicht endgültig beantworten lassen wird. Zumindest scheint jedoch beim immer stärkeren Ausbau der Förderpolitiken in Deutschland wie in den meisten anderen entwickelten Volkswirtschaften das Prinzip der Priorität der rahmenorientierten Politiken nicht immer in ausreichendem Maße gewürdigt worden zu sein. Allerdings fehlen auch wissenschaftlich anspruchsvolle Evaluationen der Förderpolitiken und systematische Untersuchungen relevanter Rahmenpolitiken. Mit Blick auf die Bewertung von Fördereffekten bei Gründerinnen und Unternehmerinnen kommt erschwerend hinzu, dass Geschlechtsvariablen kaum bzw. überhaupt nicht berücksichtigt werden[3]. Die Schaffung einer geschlechtsspezifische Datengrundlage, wie es bereits mehrfach gefordert wurde (z.B. IfM 2001, Piorkowsky 2001, 2002; Bonacker et al. 2002), ist damit dringend anzuraten. Gleichzeitig ist darauf zu achten, dass bei der Evaluierung von Fördermaßnahmen die Variable Geschlecht in ausreichendem Maß berücksichtigt wird, damit auch geschlechtsspezifische Informationen über Fördereffekte zur Verfügung stehen, die der Feinanpassung förderpolitischer Maßnahmen dienlich sein können.

Direkte, einzelbetrieblich ausgerichtete Maßnahmen sind kurzfristig gesehen ein wichtiger Bestandteil der Förderpolitik. Auf lange Sicht gewinnt jedoch die *Gestaltung gründungsunterstützender Rahmenbedingungen* – die indirekte Förderung – an Bedeutung, vor allem mit Blick auf die Erhaltung einer wettbewerbsfähigen Wirtschaft. In dieser Hinsicht sind diejeni-

---

[3] Die weitaus meisten Evaluierungen deutscher Förderprogramme bleiben auf der Ebene eines simplen Monitoring, nur wenige analysieren die Förderungswirkungen anhand von Vergleichssamples geförderter und nicht geförderter Unternehmen, noch wenigere beziehen dabei die Variable „Geschlecht" ein. Eine neuere Evaluation des ERP-Programms enthält sogar keinerlei Hinweise auf das Geschlecht der Betriebsinhaber, sondern analysiert allein auf Unternehmensebene (Bornemann et al. 2001). Eine der wenigen Ausnahmen, die auch bei geförderten Gründungen schlechtere Erfolgsaussichten von Gründerinnen nachwies, ist die Untersuchung von Wießner (2001) zu Gründungen aus der Arbeitslosigkeit. In die ausgezeichnete Evaluationsstudie von Almus/Prantl (2001), die durch die Verwendung eines Matching-Ansatzes den direkten Vergleich geförderter und nicht geförderter Unternehmen erlaubt, fließen als Variablen nur unternehmens- und regionsbezogene Faktoren ein. Diese mangelnde Berücksichtigung von Geschlechtsvariablen ist ein grundsätzliches Problem der KMU- und Gründungsforschung. Die meisten empirischen Studien weisen zwar in der Regel auf die geschlechtsspezifische Verteilung ihres Samples hin und werten unternehmens- und unternehmerbezogene Strukturdaten der Stichprobe nach Geschlechtern aus (z.B. Arntz, Bindewald 1998; Elfers 1996; Heil 1999; Thomsen, Kuhn 1998). Darüber hinaus erlauben sie allenfalls indirekte und empirisch nicht abgesicherte Analogieschlüsse, wie es das Beispiel einer Studie zur Bürokratiebelastung geförderter DtA-Unternehmen verdeutlicht (Skambracks 1999): Die Belastungsquote ist danach höher bei Kleinunternehmen mit bis zu 10 Beschäftigten, in dieser Gruppe finden sich die meisten Unternehmerinnen, also wäre im Umkehrschluss ihre Bürokratiebelastung höher.

gen Initiativen, die sich die Verbesserung des wirtschaftspolitischen Umfeldes für eine unternehmerische Betätigung von Frauen zum Ziel gesetzt haben – z.B. in der Familienpolitik, grundsätzlich positiv zu werten; sie müssen allerdings mit realistischen Erwartungen hinsichtlich ihrer Mobilisierungswirkung verknüpft werden. Als ein konkretes Beispiel zu nennen ist hier der generelle Ausbau der Kinderbetreuung. Dabei geht es darum, ein vielfältiges Angebot an flexiblen Betreuungsmöglichkeiten (Horte, Kinderfrauen, Tagesmütter) zu schaffen, das den Gründerinnen individuell angepasste Lösungen ermöglicht. Denkbar sind in diesem Rahmen innovative Ansätze öffentlich-privater oder sogar privater-privater Partnerschaften wie die Zusammenarbeit der Unternehmerinnen im Bundesverband der Selbstständigen/Landesverband Baden-Württemberg mit dem Landesverband der Tagesmütter, Pflegeeltern und Eltern, die Mitgliedsunternehmerinnen in diesem Bundesland zusätzliche Kinderbetreuung vor Ort ermöglichen soll (http://www.bds-bw.de/, Abruf 10.9.2002).

Vor diesem Hintergrund verläuft der förderpolitische Trend eindeutig hin zur noch stärkeren Integration von gründerinnenspezifischen Themen und Bedarfe auch in „traditionelle" Wirtschaftseinrichtungen und Verbände sowie der Konzentration auf umfeldrelevante Belange (so auch Sperling und May 2001, S. 34f.). Deutlich sichtbar wird dies in der neueren Gründerinnenförderung auf Bundesebene, wo in den vergangenen Jahren eine Förderphilosophie in den Vordergrund gerückt ist, die stärker als bisher auf institutionelle Sensibilisierung – gerade auch „traditioneller" Organisationen – und die institutionelle Vernetzung von Wirtschaftsorganisationen und frauenspezifischen Angeboten abstellt. Zu lange hat sich die deutsche Gründungs- und Unternehmensförderung – unabhängig vom Geschlecht – auf einzelbetriebliche Maßnahmen konzentriert und das unternehmerische Umfeld vernachlässigt.

Die vorrangige Aufgabe des Staates in der Gründerinnen- und Unternehmerinnenförderung liegt demnach zunächst in der Gestaltung angemessener Rahmenbedingungen – rechtlicher und institutioneller Art – für unternehmerische Tätigkeiten von Frauen, so schwer und langwierig dies auch im Hinblick auf die notwendigen Veränderungen gesellschaftlicher Einstellungen erscheinen mag. Jegliche einzelbetrieblich ausgerichtete Maßnahme zur Förderung von Frauengründungen bzw. ihren Unternehmen greift zu kurz, solange das gesamtwirtschaftliche und –gesellschaftliche Umfeld andere Wertvorstellungen vermittelt und Unternehmerinnen kein weithin akzeptiertes Berufsbild sind.

2.7 Literatur

Achtenhagen, L.; Welter, F. (2003): Female Entrepreneurship in Germany: Context, Development and Its Reflection in German Media. In: Butler, J. (ed.): New Perspectives on Women Entrepreneurs. Greenwich, S 71-100.

Aldrich, H. (1989): Networking among Women Entrepreneurs. In: Hagan, O.; Rivchun, C.; Sexton, D. (Hrsg.): Women-owned Businesses, New York et al., S. 103-132.

Almus, M.; Prantl, S. (2001): Bessere Unternehmensentwicklung durch Gründungsförderung? Wissenschaftliche Reihe, Band 15. DtA, Bonn.

Arntz, C.H.; Bindewald, A. (1998): Innovation versus Tradition. Wissenschaftliche Reihe, Band 11. DtA, Bonn.

Audretsch, D.; Thurik, R.; Verheul, I.; Wennekers, S. (Hrsg.) (2002): Entrepreneurship: Determinants and Policy in a European Comparison. Dordrecht et al.: Kluwer.

Beckmann, P.; Engelbrech, G. (Hrsg.): Arbeitsmarkt für Frauen 2000 – Ein Schritt vor oder ein Schritt zurück? Kompendium zur Erwerbstätigkeit von Frauen. BeitrAB 179. Institut für Arbeitsmarkt- und Berufsforschung, Nürnberg.

Birley, S. (1989): Female Entrepreneurs: Are they really any different? Journal of Small Business Management, January, S. 32-37.

Bonacker, M.; Buschmann, B.; Caspari, A. (2002): Frauenspezifische Beratungseinrichtungen für Existenzgründerinnen. Analysen und Potenziale. Schriftenreihe des BMFSFJ, 218. Stuttgart et al.: Kohlhammer

Bornemann, H.; Schultz, B.; Berndes, S.; Arndt, O.; Doniec, A. (2001): Evaluierung der ERP-Förderprogramme. Textband. Endbericht zum Forschungsauftrag 2/00 im Auftrag des Bundesministeriums für Wirtschaft und Technologie (BMWi). Prognos, Köln, Berlin.

Brüderl, J.; Preisendörfer, P. (1998): Network Support and the Success of Newly Founded Businesses. Small Business Economics, 10, S. 213-225.

Büchel, F.; Spieß, C.K. (2002): Form der Kinderbetreuung und Arbeitsmarktverhalten von Müttern in West- und Ostdeutschland. Schriftenreihe des Bundesministeriums für Familie, Senioren, Frauen und Jugend, 220. Stuttgart: Kohlhammer.

Buechler, S. (1995): The Key to Lending to Women Microentrepreneurs. Small Enterprise Development, 6 (2), S. 4 –15.

Buschmann, B. (2002): Einführung. In: Bonacker, M.; B. Buschmann; Caspari, A. (2002): Frauenspezifische Beratungseinrichtungen für Existenzgründerinnen. Analysen und Potenziale. Schriftenreihe des BMFSFJ, 218. Stuttgart et al.: Kohlhammer, S. 11-20.

Busenitz, L. W.; Gómez, C.; Spencer, J. W. (2000): Country Institutional Profiles: Unlocking Entrepreneurial Phenomena. Academy of Management Journal, 43 (5), S. 994-1003.

Buttner, H.E.; Rosen, B. (1992): Perception in the Loan Application Process: Male and Female Entrepreneurs, Perceptions and Subsequent Intentions. Journal of Small Business Management, (1), S. 58-65.

Carter, S.; Rosa, P. (1998): The financing of male- and female-owned businesses. Entrepreneurship and Regional Development, 10 (3), S. 203-224.

Carter, S.; Cannon, T. (1989): Female Entrepreneurs: A Study of Female Business Owners, Their Motivations, Experiences and Strategies for Success. Department of Employment Research Paper No. 65. London.

CEEDR (The Centre for Entreprise and Economic Development Research), Department of Marketing, University of Strathclyde, UK; Department of Entrepreneurship and Industrial Policy, University of Lodz, Poland; Institute of Economics, Estonian Academy of Sciences; Department of Economics, University of Macedonia, Greece; Rheinisch-Westfälisches Institut für Wirtschaftsforschung, Germany (Eds.) (2000): Young Entrepreneurs, Women Entrepreneurs, Ethnic Minority Entrepreneurs and Co-Entrepreneurs in the European Union and Central and Eastern Europe. Summary Report. CEEDR, Middlesex University Business School.

Coleman, S. (2000): Access to Capital and Terms of Credit: A Comparison of Men and Women-Owned Small Businesses. Journal of Small Business Management, 38 (3), S. 37-52.

Coleman, S.; Carsky, M. (1996): Financing Small Business: Strategies Employed by Women Entrepreneurs. The Journal of Applied Management and Entrepreneurship, 3 (1), S. 28-42.

Dant, R.; Brush, C.; Iniesta, F. (1996): Participation Patterns of Women in Franchising. Journal of Small Business Management, 34(2), S. 14–28.

Davis, S.J.; Henrekson, M. (1997): Explaining National Differences in the Size and Industrial Distribution of Employment. NBER Working Paper No. 6246.

Detmers, U. (2001): Unternehmerische Kompetenzen von Frauen erschließen: Ergebnisse einer empirischen Studie. In: DtA (Hrsg.): Wirtschaftsfaktor Unternehmerin: Unternehmerisches Potenzial von Frauen besser nutzen. DtA-Forum, 19. September 2001, DtA-Niederlassung Berlin, S. 35-40.

Döbler, T. (1998): Frauen als Unternehmerinnen. Erfolgspotentiale weiblicher Selbstständiger. Wiesbaden: DUV.

Elfers, J. (1996): Unternehmensgründungen: eine empirische Erfolgskontrolle der Bremer Finanzierungshilfen zur Existenzgründungsförderung. Studien der Bremer Gesellschaft für Wirtschaftsforschung, 6. Frankfurt am Main u.a.: Lang.

Engelbrech, G.; Jungkunst, M. (2001): Erwerbsbeteiligung von Frauen: Wie bringt man Beruf und Kinder unter einen Hut? IAB-Kurzbericht, 2001(7), S. 1-5.

Evans, D.S.; Leighton, L.S. (1990): Small Business Formation by Unemployed and Employed Workers. Small Business Economics 2, S. 319–330.

Fagenson, E.A.; Marcus, E.C. (1991): Perceptions of the sex-role stereotypic characteristics of entrepreneurs. Entrepreneurship theory and practice, 15, S. 33-47.

Felden, B.; Klaus, A.; S. Bialy; Neumann, U. (1999): Beratungs- und Qualifizierungsangebote der Kammern zur Förderung unternehmerischer Aktivitäten von Frauen. Kurzversion einer Erhebung für die Gemeinschaftsinitiative CHANGE / CHANCE im Auftrag des Bundesministeriums für Familie, Senioren, Frauen und Jugend. Materialien zur Frauenpolitik 74/2000. BMFSFJ, Bonn.

Frerichs, P.; Wiemert, H. (2002): „Ich gebe, damit Du gibst". Frauennetzwerke – strategisch, reziprok, exklusiv. Soziale Chancen, Schriftenreihe des ISO-Instituts Köln, 2. Opladen: Leske + Budrich.

Frick, S.; Lageman, B.; von Rosenbladt, B.; Voelzkow, H.; Welter, F. (1998): Möglichkeiten zur Verbesserung des wirtschafts- und gesellschaftspolitischen Umfeldes für Existenzgründer und kleine und mittlere Unternehmen – Wege zu einer neuen Kultur der Selbstständigkeit. Untersuchungen des RWI, 25. RWI, Essen.

Goldmann, M. (2002): Geschlechtsspezifische Auswirkungen der Globalisierung in den Bereichen Waren und Dienstleistungen, Arbeitsmärkte und Wissens- und Informationsgesellschaft. Gutachten im Auftrag der Enquetekommission des Deutschen Bundestages „Globalisierung der Weltwirtschaft – Herausforderungen und Antworten". http://www.bundestag.de/gremien/welt/gutachten/index.html

Gustafsson, S. (1995): Public Policies and Women's Labor Force Participation: A Comparison of Sweden, West Germany, and the Netherlands. In: P.P. Schulz (Hrsg.): Investments in Women's Human Capital. Chicago, London, S. 91-112.

Gustafsson, S.; Wetzels, C. (1997): Family Policies and Women's Labour Force Transitions in Connection with Childbirth. Vierteljahrshefte zur Wirtschaftsforschung, 1997 (1), S. 118-124.

Hansch, E.; Piorkowsky, M. B. (1997): Haushalts-Unternehmens-Komplexe: Untersuchungsgegenstand, Forschungsprogramm, haushaltsökonomische Perspektiven. Hauswirtschaft und Wissenschaft, 45 (1), S. 3-10.

Heil, H. (1999): Erfolgsfaktoren von Wachstumsführern. Wissenschaftliche Reihe, Band 12. DtA, Bonn.

Henrekson, M.; Johansson, D. (1999): Institutional Effects on the Evolution of the Size Distribution of Firms. Small Business Economics, 12, S. 11-23.

Hodenius, B. (1997): Weibliche Selbstständigkeit: Gratwanderung zwischen Programmatik und Pragmatik. In: M. Thomas (Hrsg.): Selbstständige – Gründer – Unternehmer. Passagen und Passformen im Umbruch. Berlin: Berliner Debatte Wissenschaftsverlag, S. 281-302.

Hokkanen, P.; Lumme, A.; Autio, E. (1998): Gender-Based Non-Differences in Bank Shopping and Credit Terms. Frontiers of Entrepreneurship Research. Wellesley, Mass: Babson College. Internet: www.babson.edu/entrep/fer.

Holst, E. (2001): Institutionelle Determinanten der Erwerbsarbeit: Zur Notwendigkeit einer Gender-Perspektive in den Wirtschaftswissenschaften. DIW Diskussionspapier, 237. DIW, Berlin.

Holst, E. (2002): Institutionelle Determinanten der Erwerbsarbeit. In: F. Maier und A. Fiedler (Hrsg.): Gender Matters: feministische Analysen zur Wirtschafts- und Sozialpolitik. Fhw-Forschung, 42/43. Berlin: Edition Sigma, S.89-109.

Institut für Mittelstandsforschung (IFM) Bonn (2001): Gender-spezifische Aufbereitung der amtlichen Statistik: Möglichkeiten respektive Anforderungen. Materialien zur Gleichstellungspolitik, 82/2001. BMFSFJ, Bonn.

Jung, M.; Habschick, M. (2001): Öffentliche Förderung für Existenzgründer – Wem nützt welches Programm? – Evaluation im Auftrag des Stern – Evers/ Jung, Hamburg.

Jungbauer-Gans, M. (2000): Unternehmerinnen und soziale Netzwerke: Theoretische Überlegungen zum Erfolg von Betriebsinhaberinnen. In: Bandhauer-Schöffman, I.; Bendl, R. (Hrsg.): Unternehmerinnen: Geschichte und Gegenwart selbstständiger Erwerbstätigkeit von Frauen. Frankfurt am Main et al.: Lang, S. 274-295.

Jungbauer-Gans, M.; Preisendörfer, P. (1992): Frauen in der beruflichen Selbstständigkeit: Eine erfolgreiche Alternative zur abhängigen Beschäftigung? Zeitschrift für Soziologie, 21 (1), S. 61-77.

Karlsson, C.; Acs, Z. A. (2002): Special Issue: Institutions, Entrepreneurship and Firm Growth (I). Small Business Economics, 19(2).

Kehlbeck, H.; Schneider, U. (1999): Frauen als Zielgruppe von Existenzgründungen unter besonderer Berücksichtigung der Finanzierungsaspekte. Eine Untersuchung im Auftrag des Senatsamtes für die Gleichstellung. Hamburg.

Kim, H.-S.; Gaskill, L. R. (1995): Small Business Assistance Needs of Male and Female Retailers: A Comparative Analysis. Entrepreneurship and Small Business in a Changing Competitive Environment, Proceedings, January 8-11, 1995, University of Colorado at Boulder (ohne Seitenangaben).

Klandt, H. (1984): Aktivität und Erfolg des Unternehmensgründers. Bergisch-Gladbach: Eul.

Klandt, H.; Brüning, E. (2002): Das Internationale Gründungsklima: neun Länder im Vergleich ihrer Rahmenbedingungen für Existenz- und Unternehmensgründungen. Berlin: Duncker & Humblot.

Kuhn, C.; Thomsen, U. (1998): Frauen und Männer als Selbstständige und Arbeitgeber. Ein empirischer Vergleich von Existenzgründungen in Schleswig-Holstein unter besonderer Berücksichtigung unterschiedlicher Fördermittel. Eschborn: RKW-Verlag.

Lohmann, H.; Luber, S. (2000): Geschlechtsunterschiede in der Struktur und den Determinanten beruflicher Selbstständigkeit: Ein Vergleich zwischen der Bundesrepublik und dem Vereinigten Königreich. Beitrag zur 2. Mikrozensus-Nutzerkonferenz „Forschung mit dem Mikrozensus. Analysen zur Sozialstruktur und zum Arbeitsmarkt", 12.-13. Oktober in Mannheim. ZES, Universität Mannheim.

Maier, F.; Fiedler, A. (Hrsg.) (2002): Gender Matters: feministische Analysen zur Wirtschafts- und Sozialpolitik. Fhw-Forschung, 42/43. Berlin: Edition Sigma.

McManus, P. A. (2001): Women's Participation in Self-Employment in Western Industrialized Nations. International Journal of Sociology, 31 (2), S. 70-97.

Meyer, R.; Harabi, N. (2000): Frauen-Power unter der Lupe: Geschlechtsspezifische Unterschiede zwischen Jungunternehmerinnen und Jungunternehmern. Ergebnisse einer empirischen Untersuchung. Fachhochschule Solothurn, Reihe A: Discussion Paper 2000-04. Solothurn.

Meyer, S.; Schulze, E. (1995): Die Auswirkungen der Wende auf Frauen und Familien in den neuen Bundesländern. In: Gensior, S. (Hrsg.): Vergesellschaftung und Frauenerwerbsarbeit: Ost-West-Vergleiche. Berlin: Edition Sigma, S. 249-269.

Mirchandani, K. (1999): Feminist Insight on Gendered Work: New Directions in Research on Women and Entrepreneurship. Gender, Work and Organization, 6 (4), S. 224-235.

Mummert, U. (1999): Informal Institutions and Institutional Policy – Shedding Light on the Myth of Institutional Conflict. Diskussionsbeitrag, 02-99. Jena: Max-Planck Institute for Research into Economic Systems.

Munz, S. (1997): Frauenerwerbstätigkeit im Spannungsfeld veränderter Lebensentwürfe und wohlfahrtsstaatlicher Regelungen. ifo-Schnelldienst, 23, S. 21-35.

Nasner, H. (1994): Geförderte Unternehmensgründungen von Frauen: Ergebnisse einer empirischen Untersuchung in Baden-Württemberg. In: Schmude, J. (Hrsg.): Neue Unternehmen: Interdisziplinäre Beiträge zur Gründungsforschung. Wirtschaftswissenschaftliche Beiträge, 108. Heidelberg: Physica, S. 74-88.

North, D. (1990): Institutions, institutional change and economic performance. Cambridge: Cambridge University Press.

OECD (2000): The OECD Small and Medium Enterprise Outlook. OECD, Paris.

Orhan, M. (2001): Women Business Owners in France: The Issue of Financing Discrimination. Journal of Small Business Management, 39 (1), S. 95-102.

Pfau-Effinger, B. (1995): Erwerbsbeteiligung von Frauen im europäischen Vergleich. Informationen zur Raumentwicklung, 1995 (1), S. 49–60.

Piorkowsky, M. B. (2001): Existenzgründungsprozesse im Zu- und Nebenerwerb von Frauen und Männern: Eine empirische Analyse der Bedingungen und Verläufe bei Gründungs- und Entwicklungsprozessen von Unternehmen unter besonderer Berücksichtigung genderspezifischer Aspekte. BMFSFJ, Bonn.

Piorkowsky, M. B.; unter Mitarbeit von Scholl, S. (2002): Genderaspekte in der finanziellen Förderung von Unternehmensgründungen. Eine qualitative und quantitative Analyse der Programme auf Bundesebene – unter besonderer Berücksichtigung der Gründung durch Frauen. Bericht im Auftrag des BMFSFJ. Universität Bonn.

Renzulli, L.A.; Aldrich, H.; Moody, J. (1999): Family Matters: Gender, Networks, and Entrepreneurial Outcomes. Manuscript prepared for submission to Social Forces. University of North Carolina.

Rocksloh-Papendieck, B. (1995): Lebensstrategien im Umbruch, in: Gensior, S. (Hrsg.): Vergesellschaftung und Frauenerwerbsarbeit: Ost-West-Vergleich. Berlin, S. 219-248.

Schmidt, D. (2002): Im Schatten der „großen Männer": Zur unterbelichteten Rolle der Unternehmer in der deutschen Wirtschaftsgeschichte des 19. und 20. Jahrhunderts. In: Maier, F.; Fiedler, A. (Hrsg.): Gender Matters: feministische Analysen zur Wirtschafts- und Sozialpolitik. Fhw-Forschung, 42/43. Berlin: Edition Sigma, S. 211-229.

Schmude, J. (1998): Geförderte Unternehmensgründungen in den neuen Bundesländern – eine Analyse des EKH-Programms unter besondere Berücksichtigung von Gründungen durch Frauen. In: Schmude, J. (Hrsg.): Neue Unternehmen in Ostdeutschland. Heidelberg: Physica, S. 110-134.

Sperling, C.; May, M. (2001): Aktivitäten von und für Unternehmerinnen und Existenzgründerinnen im Bereich der Klein- und Mittelbetriebe (KMU) – Bundesweiter Überblick, Band 1 sowie Bundesweites Adressenverzeichnis, Band 2. Recherche im Auftrag des Bundesministeriums für Familie, Senioren, Frauen und Jugend. Essen/Bonn.

Tchouvakhina, M. (2001): Wirtschaftsfaktor Unternehmerin: Erfolgreiche Förderpolitik aus Sicht der DtA. DtA, Bonn.

Tchouvakhina, M. (2002): „Small is beautiful" – aber auch finanzierbar? Vortrag auf der Konferenz Enterprising Women II, Frankfurt, 7. März 2002. Internet: http://www.enterprising-women.de/docu2002/down/WS%207%20Tchouvakhina.ppt

Thomsen, U.; Kuhn, C. (1998): Beschäftigungseffekte von Existenzgründungen in Schleswig-Holstein. RKW, Eschborn.

Uhlaner, L.M.; Thurik, R.; Hutjes, J. (2002): Post-Materialism as a Cultural Factor Influencing Entrepreneurial Activity across Nations. ERIM Report 62. Erasmus University, Rotterdam.

Urbano, D.; Veciana, J.M. (2001): Institutions and Support Programmes for Entrepreneurship in Catalonia: An Institutional Approach. Paper presented to RENT XV, Turku, November 22-23.

Verheul, I.; Thurik, R. (2001): Start-Up Capital: 'Does Gender Matter?' Small Business Economics, 16, S. 329-345.

Verheul, I.; Wennekers, S.; Thurik, R. (2000): Determinants of entrepreneurship: Policies, institutions and culture. Paper presented to RENT XIV, Prague, November 23-24.

Voigt, M.; Kling, S. (1997): Weiterbildungskonzepte zur Existenzgründung von Frauen. BMBF, Bonn.

Welter, F. (2000a): Germany: Is the outcome desirable? Quality of work in self-employment. A contribution to the ILO Action Programme: Enterprise Creation by the Unemployed – Microfinance in Industrialized Countries. Geneva: ILO; Reprint in Schriften und Materialien zu Handwerk und Mittelstand, 7. RWI, Essen.

Welter, F. (2000b): „Einmal im Leben darf jeder etwas Risikoreiches tun" – Fallstudien von Gründern und Gründerinnen. Schriften und Materialien zu Handwerk und Mittelstand, 9. RWI, Essen.

Welter, F.; Lageman, B.; unter Mitarbeit von Stoytcheva, M. (2003): Gründerinnen in Deutschland – Potenziale und institutionelles Umfeld. Untersuchungen des Rheinisch-Westfälischen Instituts für Wirtschaftsforschung, Nr. 41, Essen.

Wennekers, S.; Noorderhaven, N.; Hofstede, G.; Thurik, R. (2001): Cultural and Economic Determinants of Business Ownership Across Countries. Frontiers of Entrepreneurship Research 2001, S. 179-190.

Wießner, F. (2001): Arbeitslose werden Unternehmer: Eine Evaluation der Förderung von Existenzgründungen vormals Arbeitsloser mit Überbrückungsgeld nach § 57 SGB III (vormals § 55a AFG). BeitrAB 241. IAB, Nürnberg.

Wildemann, R.; Hofstede, G.; Noorderhaven, N.G.; Thurik, A.R.; Verhoeven, W.H.J.; Wennekers, A.R.M. (1999): Self-employment in 23 OECD countries: The role of cultural and economic factors. Research Report 9811/E. Zoetermeer: EIM.

3 Gründungsverhalten von Frauen im Spiegel des DtA-Gründungsmonitors

Nicole Lehnert

3.1 Einleitung

In den letzten Jahren liest man häufig in der Presse, dass es in Deutschland einen regelrechten Gründerinnen-Boom gebe. Die Frage, die man sich in diesem Zusammenhang unmittelbar stellt: Gibt es ihn wirklich? Die so griffige Vokabel „Gründerinnen-Boom" eignet sich zwar sehr gut für die Wirkung in der breiten Öffentlichkeit, verschleiert jedoch den Blick auf tatsächliche Potenziale und Probleme bei der Existenzgründung von Frauen. Daher ist es sinnvoll, die Gründungsaktivitäten von Frauen genauer zu untersuchen – denn die Gründungsdynamik in Deutschland wird sich erhöhen, wenn es uns gelingt, mehr Frauen für die selbstständige Tätigkeit zu gewinnen. Um im internationalen Wettbewerb weiter erfolgreich zu bestehen, ist die Beteiligung der Frauen am ökonomischen Prozess unabdingbare Voraussetzung. Die Verwirklichung der unternehmerischen Chancengleichheit ist nicht nur eine Frage der Gerechtigkeit, sondern zugleich ein Gebot ökonomischer Vernunft.

Der vorliegende Text soll einen Beitrag zu einer differenzierten Betrachtung des Gründungsverhaltens von Frauen und Männern leisten. Dazu wird zuerst in einem kurzen Abriss die Entwicklung und aktuelle Lage in Deutschland dargestellt, um anschließend auf der Grundlage des von der DtA jährlich durchgeführten DtA-Gründungsmonitors Aussagen über realisierte Gründungen und über das Gründungspotenzial von Frauen zu treffen. Daraus ergeben sich Fragen zu den Barrieren, die einer Ausschöpfung des Gründungspotenzials von Frauen im Wege stehen. Deshalb wird zum Abschluss auf einen Aspekt eingegangen, der die Ausschöpfung des Gründungspotenzials negativ beeinflussen kann, nämlich die Einschätzung des Gründungsklimas in Deutschland.

3.2   Der Frauenanteil an den Selbstständigen
in Deutschland

Betrachtet man die deutschen Selbstständigenzahlen für das Jahr 2001, so fällt auf, dass deutlich mehr Männer als Frauen selbstständig sind: Während auf eine berufstätige Frau 1,3 berufstätige Männer kommen, neigt sich dieses – ungleichgewichtige – Verhältnis bei der Verteilung der Selbstständigen weiter in Richtung der Männer: Hier kommen auf eine selbstständige Frau 2,6 Männer (Statistisches Bundesamt 2001, eigene Berechnungen).

Beobachten wir dieses Verhältnis über eine längeren Zeitraum hinweg, so sieht man, dass die Anteile in Westdeutschland sich in der Nachkriegszeit nicht gleichförmig entwickelt haben. Nach einer relativ hohen Zahl von selbstständigen Frauen in den fünfziger Jahren ist ein Absinken bis zum Ende der siebziger Jahre zu beobachten: Während 1959 noch 785.000 Frauen selbstständig waren, sind es 1979 nur 509.000. Danach kommt es in den alten Bundesländern zu einem nahezu kontinuierlichen Anstieg auf 594.000 Frauen in 1989 und 830.000 in 1999. Diese Entwicklung hängt u.a. mit der strukturellen wirtschaftlichen Entwicklung in Deutschland zusammen (Abbau der Landwirtschaft, starke Zunahme erst des Industrie-, später des Dienstleistungssektors), so dass bei den selbstständigen Männern die Richtung der Entwicklung ähnlich ist. Die Geschwindigkeit der Entwicklung ist aber bei den Frauen eine andere und weist darauf hin, dass auch ein verändertes Verständnis der Rolle der Frau in der Gesellschaft von Bedeutung ist: Nicht nur die Abnahme der Zahl von selbstständigen Frauen von der Ausnahmezeit der Kriegs- und Nachkriegszeit bis Ende der siebziger Jahre ist stärker als die der selbstständigen Männer, auch die anschließende Zunahme weist bei den Frauen ein höheres Tempo auf (Statistisches Bundesamt 1957 – 2001, eigene Berechnungen).

Erweitert man die Betrachtung auf das wiedervereinigte Deutschland, so ist auch im gesamten Bundesgebiet ein kontinuierliches Anwachsen der Zahl selbstständiger Frauen zu beobachten. Waren 1991 noch 780 000 Frauen selbstständig, sind es 2001 bereits über eine Million selbstständige Frauen, also fast 30 % mehr als 1991. Da aber die Selbstständigenquote unter den Männern ebenfalls gestiegen ist, bedeuten auch über eine Million Unternehmerinnen relativ gesehen „nur" einen Anteil von 27,7 % an allen Selbstständigen (1991: 25,7 %). Der Effekt dieser Unternehmerinnen auf die

Volkswirtschaft ist dennoch beachtlich: Legt man vorsichtige Schätzungen zugrunde und geht davon aus, dass diese Frauen im Durchschnitt 3-4 Personen beschäftigen[1], addiert sich daraus bereits ein Umfang von 3 bis 4 Millionen Arbeitsplätzen, die von Frauen getragen werden. Auch die Deutsche Ausgleichsbank (DtA) als Förderinstitut des Bundes hat diese Zielgruppe erkannt. So wurden von 1990 bis 2000 bundesweit bereits über 100.000 Existenzgründerinnen mit zinsgünstigen Gründungsdarlehen unterstützt.

3.3 Gründerinnen in Deutschland

Während die Zahlen des Mikrozensus wichtige Informationen darüber liefern, wie viele Frauen in Deutschland selbstständig sind, lassen sie nur sehr eingeschränkt Aussagen über die aktuelle Entwicklung der Selbstständigkeit, also über Neugründungen zu. Daher erhebt die Deutsche Ausgleichsbank seit 2000 jährlich in einer telefonischen, bevölkerungsrepräsentativen Befragung, dem „DtA-Gründungsmonitor", Daten zu Gründungen in den letzten zwölf Monaten („Gründer"). In den Jahren 2000 und 2002 wurde zusätzlich gefragt, welche Teilnehmerinnen und Teilnehmer planen, sich in den nächsten sechs Monaten selbstständig zu machen („Planer"). Nach sechs Monaten wurden die Planenden aus der 2000er Studie im Jahr 2001 erneut angerufen, um festzustellen, inwieweit dieses Potenzial an Gründungswilligen ausgeschöpft werden konnte. (Eine solche Follow-up-Studie wurde auch im Jahr 2003 durchgeführt. Eine Publikation befindet sich in Vorbereitung.) Durch verschiedene weitere Fragen bietet der DtA-Gründungsmonitor außerdem die Möglichkeit, interessante Aussagen über die Gründungsquoten von Frauen und Männern hinaus zu machen.

Die bisherigen Wellen des Gründungsmonitors werden in Abbildung 1 skizziert.

Was sind nun die Ergebnisse des DtA-Gründungsmonitors zu den Gründungsquoten von Frauen und Männern? Bei allen Befragungen zeigen sich signifikante Differenzen bzgl. der Gründungsquoten und dem Gründer-

---

[1] Diese Berechnung beruht auf Statistiken der DtA über die bei ihr geführten Existenzgründungskredite.

Herbst 2003	DtA-Gründungsmonitor 2003
Feb. 2003	Follow-up-Befragung zum DtA-Gründungsmonitor 2002
Apr.–Jul. 2002	DtA-Gründungsmonitor 2002
Mai–Jul. 2001	DtA-Gründungsmonitor 2001
Apr. 2001	Follow-up-Befragung zum DtA-Gründungsmonitor 2000
Aug.–Okt. 2000	DtA-Gründungsmonitor 2000

DtA-Gründungsmonitor: bevölkerungsrepräsentative Telefonbefragung zur Identifizierung von Gründern und Gründungsplanern

Follow-up-Befragung: telefonische Befragung von Gründungsplanern aus dem DtA-Gründungsmonitor

Abbildung 1.   Wellen des DtA-Gründungsmonitors

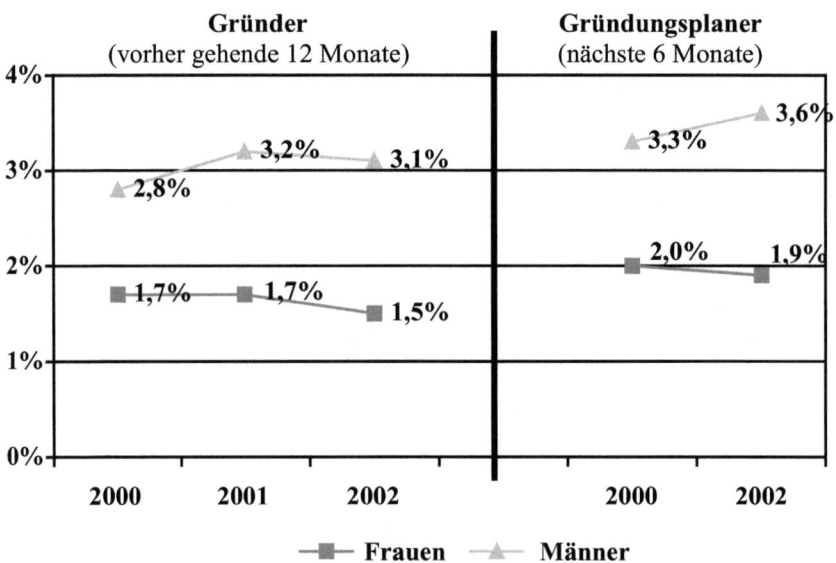

Basis: bevölkerungsrepräsentative Befragungen aus 2000 (N=30.645), 2001 (N=19.968) und 2002 (N=40.190); in 2001 wurde das Gründerpotenzial nicht erhoben.

Abbildung 2.   Gründungsquoten und Gründerpotenzial zwischen 2000 und 2002 (Anteil der Gründer bzw. Gründungsplaner an der Bevölkerung ab 14 Jahren)

potenzial (vgl. Abbildung 2).[2] Die weiteste Schere öffnet sich im Jahr 2002: In den letzten 12 Monaten haben sich 3,1% der Männer, aber nur 1,5% der Frauen selbstständig gemacht hatten (-1,6 Prozentpunkte bei der Gründungsquote), also mehr als doppelt so viele Männer wie Frauen. Noch größer ist der Abstand beim Gründerpotenzial: In 2002 planten 3,6% der Männer und 1,9% der Frauen, sich in den nächsten sechs Monaten selbstständig zu machen (-1,7 Prozentpunkte).

3.4 Ausschöpfung des Gründungspotenzials von Frauen

Es gibt also besonders große Differenzen hinsichtlich der Anteile von geplanten Gründungen durch Frauen und durch Männer. Und inwieweit ist das niedrigere Gründungspotenzial von Frauen ausgeschöpft?

Der Gründungsmonitor liefert ein starkes Indiz für die These, dass das nicht ausgeschöpfte Potenzial an Gründerinnen besonders hoch ist: den Vergleich der Gründungsabsicht mit der realisierten Gründung.

Wie oben dargestellt, sind die Teilnehmerinnen und Teilnehmer des DtA-Gründungsmonitors 2002 gefragt worden, ob sie planen, sich in den nächsten sechs Monaten selbstständig zu machen. In der Follow-up-Befragung zum Gründungsmonitor im Jahr 2001 wurden die Planenden gefragt, inwieweit sie eine Selbstständigkeit realisiert haben. Auch hier zeigen sich wieder große Diskrepanzen zwischen den Geschlechtern: Während 35% der Männer inzwischen tatsächlich selbstständig sind, beträgt der Anteil der Frauen 25%. Und auch der Anteil derjenigen in der Verwirklichungsphase liegt bei den Frauen mit 19% deutlich niedriger als bei den Männern mit 25%. Fasst man diejenigen zusammen, die ihren Plan weder verschoben noch aufgegeben haben, so finden wir 27% weniger Frauen als Männer (oder 16 Prozentpunkte) kurz vor oder in der Gründungsphase.

Frauen weisen also in allen angesprochenen Phasen auf dem Weg zur Selbstständigkeit eine geringere Gründungsaktivität auf als Männer. Wo liegen die Barrieren, warum Frauen sich nicht in gleichem Maße selbstständig machen wie Männer?

---

[2] Die Gründungsquote (Gründer der letzten 12 Monate) und das Gründerpotenzial (Planer für die nächsten sechs Monate) beziehen sich auf die Gesamtbevölkerung ab 14 Jahren bzw. auf Frauen oder Männer ab 14 Jahren.

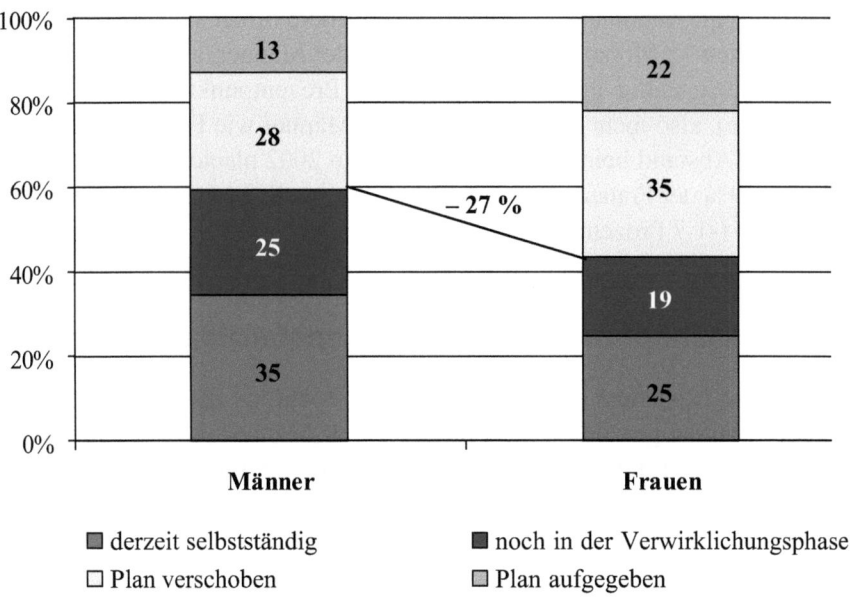

derzeit selbstständig   ▪ noch in der Verwirklichungsphase
☐ Plan verschoben   ▨ Plan aufgegeben

Follow-up-Befragung 2001, n=523 (über 100% aufgrund von Rundungsdifferenzen)

Abbildung 3.   Verwirklichung der Selbstständigkeit

3.5   Barrieren für Gründerinnen – Einschätzung des Gründungsklimas durch Frauen

Der DtA-Gründungsmonitor kann zur Aufklärung dieser Frage durch Angaben zur Einschätzung des Gründungsklimas beitragen. Im Jahr 2002 haben die Befragten sechs Statements zu den gesellschaftlichen und persönlichen Voraussetzungen einer Gründung bewertet, indem sie die jeweilige Aussage auf einer Skala von 1 (trifft genau zu) bis 5 (trifft gar nicht zu) beurteilten.[3]

Frauen und Männer neigten zu sehr unterschiedlichen Einschätzungen – die Beurteilung des Gründungsklimas durch Frauen war bei allen Aussagen deutlich negativer als durch Männer, wie die folgende Graphik zeigt:

---

[3]   Die folgenden Aussagen sowie die Graphik beziehen sich stets auf die Top Boxes und Low Boxes, also auf die Prozentanteile der Frauen bzw. der Männer, die mit 1 und 2 (trifft genau zu, trifft zu) oder mit 4 und 5 (trifft nicht zu, trifft gar nicht zu) antworteten.

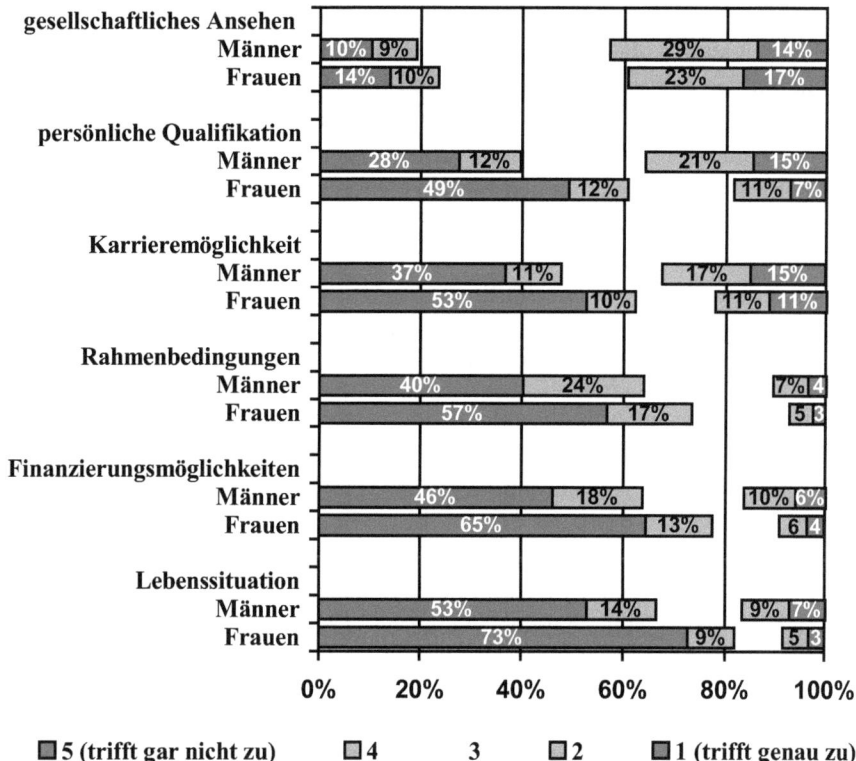

Basis: n=8.547 Personen (n=4.082 Männer, n=4.465 Frauen)

Abbildung 4.   Wahrnehmung des Gründungsklimas in der Bevölkerung in Deutschland (2002), differenziert nach Frauen und Männern

Der geringste Abstand zwischen den Einschätzungen von Frauen und Männern findet sich bei der Aussage, die von der Bewertung her gesehen allgemein die positivste Komponente beim Gründungsklima darstellt: „**Ein(e) selbstständige(r) Unternehmer(in) genießt hohes gesellschaftliches Ansehen.**" Die Antwort „trifft (genau) zu" findet sich hier nur um 3 Prozentpunkte häufiger bei den Männern (43 %) als den Frauen (40 %), die Ablehnung „trifft (gar) nicht zu" um 5 Prozentpunkte häufiger bei den Frauen (24 % bei den Frauen im Vergleich zu 19 % bei den Männern). Frauen und Männer haben demnach ähnlich positive Assoziationen zur gesellschaftlichen Anerkennung von Selbstständigkeit. Die folgenden Statements hingegen werden von den Frauen deutlich negativer beurteilt.

Am stärksten ausgeprägt ist der Unterschied bei der Einschätzung der persönlichen Qualifikation. Die Aussage **„Ich habe die persönlichen Qualifikationen, die zur erfolgreichen Gründung eines eigenen Unternehmens erforderlich sind."** lehnten mit 61% ein Drittel mehr Frauen ab als Männer (40%). Und auch die Zustimmung war bei den Männern mit 36% doppelt so häufig vertreten wie bei den Frauen (18%). Dabei muss jedoch beachtet werden, dass es sich um eine subjektive Einschätzung der Befragten handelt. Möglicherweise ordnet sich diese Bewertung der eigenen Qualifikation in andere sozialwissenschaftliche Studien ein, die zeigen, dass Frauen eher zu einer Unterschätzung der eigenen Fähigkeiten neigen, während bei Männern häufiger ein genau entgegen gesetztes Muster gefunden wird.

Auch die Differenzen in der ablehnenden Beurteilung der Aussage **„'Sich-selbstständig-zu-machen' ist für mich eine attraktive Karrieremöglichkeit."** sind hoch. Während 48% der Männer dieser Aussage nicht zustimmen, bewerten 63% der Frauen dieses Statement mit „trifft (gar) nicht zu". Diese negative Einschätzung spiegelt sich auch darin wider, dass die Bewertung „trifft (genau) zu" bei den Frauen (22%) um 10 Prozentpunkte seltener vertreten ist als bei den Männern (32%).

Die wirtschaftlichen und politischen Rahmenbedingungen werden ebenfalls von weniger Männern als schlecht beurteilt. Dem Statement **„Die wirtschaftlichen und politischen Rahmenbedingungen bieten mir gute Chancen, ein eigenes Unternehmen zu gründen."** stimmten 64% der Männer (gar) nicht zu, aber 74% der Frauen. Bei den positiven Einschätzungen gibt es dagegen wenig Unterschiede (11% bei den Männern gegenüber 8% bei den Frauen). Generell ist alarmierend, dass sowohl Frauen als auch Männer die wirtschaftlichen und politischen Rahmenbedingungen für eine Gründung tendenziell als schlecht beurteilen.

Nach den Ergebnissen des Gründungsmonitors haben Frauen im Durchschnitt einen deutlich niedrigeren Finanzierungsbedarf bei einer Gründung als Männer. Trotzdem oder gerade deshalb[4] schätzen die befragten Frauen die Finanzierungsmöglichkeiten für ein eigenes Unternehmen schlechter ein als die Männer. 78% der befragten Frauen im Gegensatz zu 64% der befragten Männer erklärten, dass die Aussage **„Ich sehe für mich gute Möglichkeiten, die Finanzierung einer eigenen Unternehmensgrün-**

---

[4] Da für Banken bei kleinen Darlehen ein hoher Verwaltungsaufwand einem relativ geringen Gewinn gegenüber steht, scheinen kleine Beträge häufig schwieriger zu finanzieren als größere.

dung zu bewerkstelligen." auf sie (gar) nicht zutrifft. Die Unterschiede zwischen dem Anteil der Männer und der Frauen mit positiver Bewertung sind dagegen geringer: 16% der Männer und 10% der Frauen sagen, dass diese Aussage (genau) zutrifft.

Die persönliche Lebenssituation wird sowohl von Frauen als auch von Männern überwiegend als nicht geeignet für eine Selbstständigkeit bewertet, dieser Aspekt wird von allen abgefragten Statements am negativsten bewertet. Allerdings sind es mit 82% noch deutlich mehr Frauen als Männer (67%), die die Aussage **„Meine momentane Lebenssituation eignet sich gut, um ein eigenes Unternehmen zu gründen."** als unzutreffend ablehnen. Die positiven Urteile zu diesem Statement sind bei Frauen (8%) wie bei Männern (16%) eher gering.

Besonders für Frauen fließt hier wahrscheinlich die in den letzten Jahren viel diskutierte Problematik der Vereinbarkeit von Beruf und Familie ein, die sich für Unternehmensgründerinnen noch verschärft darstellt. (Die DtA ist dieser Frage in einer qualitativen Studie nachgegangen, deren Ergebnisse im Beitrag von Margarita Tchouvakhina vorgestellt werden.)

Insgesamt lässt sich also feststellen, dass Frauen die Gründungsvoraussetzungen in Deutschland und ihre persönliche Qualifikation negativer einschätzen als Männer. Dies wird auch durch die Ergebnisse des Global Entrepreneurship Monitors (GEM) unterstützt. GEM ist ein internationales Forschungsprojekt, das seit 1998 unter der Leitung des Babson College in Boston und der London Business School einmal jährlich Gründungsgeschehen und gründungsbezogene Rahmenbedingungen im internationalen Vergleich untersucht. Seit 2001 wird der deutsche Teil dieser Studie mit Unterstützung der DtA und die Erhebung in Kombination mit dem DtA-Gründungsmonitor durchgeführt.

Aus dieser Untersuchung lassen sich für Deutschland noch zwei weitere Fragen auswerten, die eine zusätzliche Bestätigung dafür geben, dass Frauen die Chancen für eine Gründung skeptischer einschätzen als Männer. Die GEM-Teilnehmerinnen und -Teilnehmer wurden für eine Reihe von Statements gefragt, welche der Aussagen auf sie zutrifft (Antwortmöglichkeiten „ja, trifft zu", „nein, trifft nicht zu"). Auf den Satz **„In den nächsten sechs Monaten werden sich in der Region, in der Sie leben, gute Möglichkeiten für eine Unternehmensgründung ergeben."** reagierten im Jahr 2001 27% der Männer mit Zustimmung, aber nur 20% der Frauen (2000: 36% der Männer, 24% der Frauen).

Noch alarmierender als diese negative Einschätzung der Chancen ist die Auswertung eines weiteren GEM-Statements. Dem Satz **„Die Angst zu scheitern würde Sie davon abhalten, ein Unternehmen zu gründen."** stimmte in Deutschland im Jahr 2001 mit 48 % aller Befragten ein sehr hoher Anteil der Bevölkerung zu. Vergleicht man Frauen und Männer, ist die Furcht vor dem Misserfolg bei den Frauen mit 55 % noch größer als bei den Männern (41 %).[5]

3.6 Schlussfolgerungen

Zusammenfassend lässt sich festhalten, dass der Anteil von Frauen nicht nur an den Selbstständigen, sondern auch an den Neugründungen im Vergleich zur Beteiligung von Frauen an der Erwerbstätigkeit relativ gering ist. Zwar steigen die Frauenanteile seit den achtziger Jahren langsam, aber kontinuierlich an, was nicht nur unter dem Gesichtspunkt der Chancengleichheit, sondern auch vor dem Hintergrund der ökonomischen Effekte (Schaffung von Arbeitsplätzen) zu begrüßen ist. Stellt man jedoch das Gründungspotenzial bei Frauen und Männern der Realisierung der Selbstständigkeit gegenüber, so kann man annehmen, dass das Potenzial an gründungswilligen Frauen noch stärker ausgeschöpft werden könnte. Eine Barriere scheint dabei die negativere Einschätzung des Gründungsklimas durch Frauen zu sein.

Ansatzpunkte für eine positive Wendung dieser Einschätzung könnten zum einen darin liegen, durch Darstellung von selbstständigen Frauen in der

---

[5] Im nächsten Beitrag wird die Studie von Voigt (1994) erwähnt, die widerlegt hat, dass Unternehmerinnen weniger risikobereit seien als Unternehmer. Die hier aufgeführten Auswertungen hinsichtlich der bei Frauen höheren Angst vor dem Scheitern widersprechen dieser Studie aus zwei Gründen nicht: Zum einen hat Voigt etablierte, seit längerem tätige Unternehmerinnen befragt, während der Gründungsmonitor einen Querschnitt der gesamten Bevölkerung darstellt (bevölkerungsrepräsentative Untersuchung). Die Zielgruppen sind also nicht vergleichbar. Zum anderen können Risikoscheu und Angst vor dem Scheitern nicht gleich gesetzt werden. Mit Risikofreude wird v.a. das Eingehen eines finanziellen Risikos assoziiert – ein kalkulierbares, begrenztes Risiko. Die Angst vor dem Scheitern weckt dagegen eher Assoziationen zu einem eigenen Versagen, zu einer gesellschaftlichen Stigmatisierung oder einem sozialen Abstieg – zu einem endgültigen Ende aller Pläne.

Öffentlichkeit und den Medien Unternehmerinnen stärker zu einer alltäglichen Normalität werden zu lassen. Zum anderen besteht bei solchen öffentlichkeitswirksamen Darstellungen die Möglichkeit, die Anforderungen, Chancen und Risiken einer Unternehmensgründung differenziert zu schildern und durch diese realitätsnahe Schilderung die Einschätzung des Gründungsklimas bei Frauen positiv zu beeinflussen.

3.7 Literatur

Lehnert, N.; Täuber, M. (2003): Wirtschaftsdynamik durch Existenzgründungen von Migranten. Analysen auf Basis der DtA-Förderdaten und des DtA-Gründungsmonitors, DtA-Studie, Bonn.

Lehnert, N. (2003): Ergebnisse des DtA-Gründungsmonitors 2002. Schwerpunktthema: Gründer im Voll- und Nebenerwerb, DtA-Studie, Bonn.

Statistisches Bundesamt, Mikrozensen für die Jahre 1957-2001.

Voigt, M. (1994): Unternehmerinnen und Unternehmenserfolg. Geschlechtsspezifische Besonderheiten bei Gründung und Führung von Unternehmen, Wiesbaden.

4 Gründungsbesonderheiten von Frauen – Ergebnisse einer qualitativen Studie

Margarita V. Tchouvakhina

4.1 Einführung

Vor dem Hintergrund anhaltender Arbeitslosigkeit wird in der beschäftigungspolitischen Debatte die selbstständige Erwerbsarbeit als ein wichtiger Hoffnungsträger für positive Beschäftigungseffekte angesehen. Diese Ansicht ist nicht nur in Deutschland verbreitet. In den letzten zehn Jahren haben sich die meisten Mitgliedsstaaten der Europäischen Union verstärkt mit der Förderung von kleinen und mittleren Unternehmen beschäftigt. Viele Staaten unterstützen die selbstständige Erwerbstätigkeit als unmittelbare Beschäftigungsmöglichkeit für Arbeitslose (Europäische Kommission 1995, S. 18). Kleine und mittlere Unternehmen stellen mehr als zwei Drittel der Arbeitsplätze bereit und gelten als wichtige potenzielle Quelle zusätzlicher Arbeitsplätze (Europäische Kommission 1993, S. 160 f.).

Jedoch nicht nur beschäftigungspolitische Effekte können von den Selbstständigen erwartet werden. Volkswirtschaftlich gesehen ist eine Unternehmensgründung wünschenswert, da sie zur Erhöhung der Dynamik bzw. Erneuerung einer Volkswirtschaft und u.U. zur Stärkung des volkswirtschaftlichen Wachstums führen kann (Sternberg 2001, S. 14). Laut Global Entrepreneurship Monitor (GEM), einer internationalen Studie, die das Gründungsgeschehen weltweit jährlich untersucht, belegt Deutschland im Jahr 2001 bezüglich der Gründungsaktivitäten mit 7,04% Rang 22 von 29 an der Studie beteiligten Ländern (Sternberg 2001, S. 10)[1]. Danach beste-

---

[1] Der in der GEM-Studie entwickelte Index wird als „Total Entrepreneurial Activity" bezeichnet und als Summenindex aus zwei Gründungsquoten – sog. „Nascent Entrepreneurs" und „Young Entrepreneurs" – errechnet. „Nascent Entrepreneurs" bezeichnet die Erwachsenen (18-64 Jahre), die sich aktiv an der

hen nach wie vor beträchtliche Unterschiede gegenüber gründungsstarken Ländern wie z.B. Kanada, Australien oder USA (USA: 11,66%). In der Untersuchung wurde außerdem festgestellt, dass in den genannten Ländern der Anteil der Frauen unter den Gründern signifikant höher ist als in den gründungsschwachen Ländern. Diese Erkenntnisse wurden bereits in den Befragungen im Rahmen des Global Entrepreneurship Monitors der vergangenen drei Jahren gewonnen. Der Global Entrepreneurship Monitor stellt damit einen positiven Zusammenhang zwischen der Gründungsquote und dem Anteil der Frauen an den Gründungen her und liefert klare Aussagen in Bezug auf den wirtschaftspolitischen Handlungsrahmen für die nächsten Jahren. Demnach kann die Gründungsdynamik erhöht werden, wenn es gelingen würde, die Gründungsbereitschaft und Realisierungsquote von Gründungsvorhaben von Frauen zu mobilisieren. Um im internationalen Wettbewerb weiter erfolgreich zu bestehen, ist daher die Beteilung der Frauen am ökonomischen Prozess unabdingbare Voraussetzung. Die Verwirklichung der unternehmerischen Chancengleichheit ist nicht nur eine Frage der Gerechtigkeit, sondern zugleich ein Gebot ökonomischer Vernunft. Daher ist es naheliegend, zum einen den Ursachen der geringeren Gründungsaktivitäten von Frauen nachzugehen und zum zweiten geeignete wirtschaftspolitische Maßnahmen zu konzipieren und zu realisieren, durch die Frauen zum Schritt in die Selbstständigkeit ermutigt und im Prozess der Existenzgründung unterstützt werden.

Die Beteiligung von Frauen an der Gründung und Führung von Unternehmen hat aber auch eine gesellschaftspolitische Perspektive. Die selbstständige Tätigkeit ist durch eigenverantwortliches und selbstbestimmtes Denken und Handeln geprägt. Erfolgreiche Unternehmerinnen erfüllen deshalb nicht nur eine volkswirtschaftliche Aufgabe, sondern sie nehmen darüber hinaus eine gesellschaftliche Vorreiterrolle ein, indem sie eine neue Sichtweise auf Frauen in die Gesellschaft einbringen. Damit leisten sie Pionierarbeit, die zur Veränderung der gesellschaftlich zugewiesenen Rollenstereotypen von Frauen und Männern beiträgt und die Handlungsspielräume von Frauen erweitert.

Gründung eines neuen Unternehmen beteiligen. „Young Entrepreneurs" sind Erwachsenen (18-64 Jahre), die Inhaber bzw. Teilhaber eines bereits bestehenden Unternehmens sind, bei dem sie in der Geschäftsleitung mithelfen, in dem aber noch nicht länger als 3,5 Jahre Gehälter, Gewinne oder Sachleistungen gezahlt wurden.

4.2 Stand der Forschung

Erst seit kurzer Zeit bekunden Wissenschaftlerinnen und Wissenschaftler in Deutschland ein gesteigertes Interesse an Forschungsarbeiten zum Themenfeld Existenzgründungen und Unternehmen von Frauen. Zwar veröffentlichte Hartmann bereits 1968 eine Untersuchung, die der Rolle der Frau als Unternehmerin und ihrem Selbstverständnis nachging (Hartmann 1968). Aber erst 1980 kam eine zweite frauenspezifische Untersuchung von Schlemper-Kubista/Wollrab hinzu, die sich mit der wirtschafts- und gesellschaftspolitischen Bedeutung von Unternehmerinnen und im Unternehmen des Ehemannes mitarbeitenden Ehefrauen auseinander setzte (Schlemper-Kubista und Wollrab 1980). Beide Studien befassten sich fast ausschließlich mit bereits bestehenden Unternehmen, d.h. Existenzgründungen von Frauen wurden nicht thematisiert.

Erst fünf Jahre später wurden fast zeitgleich zwei Studien durchgeführt, die Schwierigkeiten und Barrieren bei der Existenzgründung von Frauen in den Blick nahmen. In einer der Untersuchungen verfolgten die Autorinnen Assig/Gather/Hübner das Ziel, die Ebene der Persönlichkeitsmerkmale, Eigenschaften und Motivationen von Existenzgründerinnen zu erforschen (vgl. Assig, Gather und Hübner 1985). Gleichzeitig setzten sie sich auch mit arbeitsmarktpolitischen und ökonomischen Problemen bei der Existenzgründung von Frauen auseinander. Die zweite Studie, die von Wloch/Ambos durchgeführt wurde, behandelte Voraussetzungen und Hindernisse bei Unternehmensgründungen von Frauen (vgl. Wloch und Ambos 1986). Beide Studien basierten auf kleinen Stichproben und hatten jeweils keine männliche Vergleichsgruppe. Dafür arbeiteten die Forscherinnen in einer intensiven Befragung ihrer Gesprächspartnerinnen die Themen heraus, die von den Existenzgründerinnen als relevant wahrgenommen wurden. Dies waren insbesondere die Doppelbelastung von Frauen, mangelnde Anerkennung in der Geschäftswelt sowie erschwerter Zugang zur Fremdfinanzierung.

Die von Voigt 1994 durchgeführte Untersuchung, die auf das Verhältnis von Unternehmerinnen und Unternehmenserfolg fokussiert, ist die bis heute umfassendste Studie, die integrativ gesellschaftspolitische und soziologische Fragestellungen einbezieht (vgl. Voigt 1994). Darüber hinaus bietet sie einen hohen Grad an Repräsentativität aufgrund einer breiten Stichprobe. In ihrer Arbeit ist die Autorin zu einigen Ergebnissen gekommen, die viele gängige Argumentationsmuster und Vorstellungen zu geschlechtsspezifischen Unterschieden in der unternehmerischen Tätigkeit in Frage stellen. Voigt hat beispielsweise nachgewiesen, dass es die angebliche Risikoscheu von Frauen so nicht gibt. Jedoch hat sie die Befragung auf bereits tätige

Unternehmerinnen beschränkt und keine potenziellen Gründerinnen einbezogen. Daher hatten die befragten Frauen eine Entscheidung für die selbstständige Erwerbstätigkeit bereits hinter sich gelassen und sich damit selbst aus der Masse der gründungswilligen Frauen ausselektiert. Von Voigt wurde außerdem die Hypothese über die Unterschiede bei der strategischen Orientierung und der Nutzung von Netzwerken widerlegt. Und schließlich kam sie zu dem Ergebnis, dass die Differenzen im unternehmerischen Erfolg nur marginal sind.

In jüngster Zeit wurden weitere Untersuchungen zu einzelnen Aspekten der Existenzgründung von Frauen durchgeführt. Eine der Studien, die von Kehlbeck/Schneider im Auftrag des Hamburger Senatsamtes für die Gleichstellung von Frau und Mann durchgeführt wurde, befasste sich schwerpunktmäßig mit Finanzierungsfragen (vgl. Kehlbeck und Schneider 1999). Die Autorinnen kommen zur Schlussfolgerung, dass der Zugang zur Finanzierung bzw. zu Fördermitteln für Frauen aufgrund des Hausbanken-Prinzips und Diskriminierungserwartung erschwert ist. In einem anderen Forschungsprojekt – der Fachhochschule Bielefeld – wurden eine Reihe von Fallstudien durchgeführt, in denen Werdegänge, Unternehmensprofile, persönliche Profile und Erfolgsfaktoren von Unternehmerinnen großer und mittlerer Unternehmen analysiert wurden (vgl. Detmers 1999). In der Untersuchung wurde festgestellt, dass erfolgreiche Unternehmerinnen bereits durch ihre Lebensbiografien vorgeprägt sind. Der Einfluss des familiären Umfelds durch eine selbstständige Mutter bzw. Vater oder starke Leistungsorientierung sind an dieser Stelle nur exemplarisch zu nennen. Außerdem spricht die Autorin von einem „androgynen" Typ Frau, der sowohl sog. weibliche (Kommunikationsfähigkeit, soziale Verantwortung) als auch sog. männliche (strategisches Denken, strukturierte Vorgehensweise) Eigenschaften erfolgreich verbindet und diese situativ in ihrer Geschäftstätigkeit einsetzt.

Viele der bislang durchgeführten Untersuchungen können aufgrund des Forschungsdesigns die mit den Gründungsspezifika von Frauen verbundenen Problemstellungen nur unzureichend beantworten: Teilweise basieren die Analysen auf sehr kleinen Stichproben, die die Repräsentativität im statistischen Sinne nicht gewährleisten, es fehlt eine männliche Kontrollgruppe oder es werden als Zielgruppen Unternehmerinnen und nicht Existenzgründerinnen gewählt (siehe auch weitere Studien zu diesem Themenkomplex: Döbler 1998; Brüderl, Preisendörfer und Ziegler 1996; Hodenius 1994).

Aktuell sind neue Studien erschienen, die diese Mängel nicht mehr aufweisen (Lauxen-Ulbrich und Leicht 2002, Welter und Lageman 2003). Die wesentlichen Ergebnisse dieser Studien werden von den Autoren in der vorliegenden Publikation vorgestellt.

4.3   Untersuchungsziele und Untersuchungsdesign

Die Deutsche Ausgleichsbank befasst sich bereits seit einigen Jahren intensiv mit der Existenzgründung von Frauen. Unternehmerinnen stellen für die DtA mit einem Drittel unter allen Geförderten eine sehr wichtige Zielgruppe dar. Seit 1999 erstellt die Bank regelmäßig eine Förderbilanz ihrer Aktivitäten in diesem Kundensegment (siehe Tchouvakhina 2002). Diese Analyse ist in Form von Überprüfung von gegenüber Existenzgründungen durch Frauen häufig gehegten Vorurteilen[2] aufgebaut und basiert auf den Erfahrungen der Gründungsfinanzierung der DtA. Die rein quantitative Analyse erlaubt jedoch nicht, „hinter die Kulissen" von Einstellungen und Erfahrung von Gründerinnen und Gründern zu schauen sowie Themen- bzw. Problemfelder in der Tiefe zu explorieren, die für die jeweilige Zielgruppe wichtig sind, in der Fachdiskussion jedoch keine Beachtung finden. Daher wurde 2002 von der DtA eine qualitative Studie durchgeführt, die zum Ziel hatte, Gründungsbesonderheiten von Frauen zu untersuchen. Insbesondere folgende Fragen standen im Mittelpunkt dieser Untersuchung:

- Welche Motive haben Frauen für die Gründung?

- Gründen Frauen Unternehmen unter anderen Voraussetzungen als Männer und weisen demzufolge Startbesonderheiten auf, die Einfluss auf die spätere unternehmerische Tätigkeit haben können?

- Wie reagiert das private Umfeld auf die Gründung?

- Wie gut fühlen sich die Befragten vorbereitet und welche Erfahrungen wurden mit der Beratung und Beantragung eines Kredites gemacht?

- Werden zwischen Frauen und Männern Unterschiede beim Weg in die Selbstständigkeit wahrgenommen?

Ein renommiertes Marktforschungsinstitut führte fünf Gruppendiskussionen durch: jeweils zwei Gruppen mit Gründerinnen und Gründern und eine Gruppe mit Beraterinnen und Beratern.

---

[2] Z.B. gründen Frauen nur kleine Unternehmen oder bekommen keinen ausreichenden Zugang zu öffentlichen Fördermitteln.

Um mögliche Unterschiede zwischen West- und Ostdeutschland zu berücksichtigen, fanden zwei Gruppendiskussionen in Nordrhein-Westfalen (Köln) und zwei Diskussionen in Sachsen (Dresden) statt. Außerdem gab es in jeder Gruppe Befragte, die bei ihrer Existenzgründung durch staatliche Angebote finanziell gefördert wurden und solche, die ihre Selbstständigkeit ohne finanzielle Förderung aufgebaut haben. Die Existenzgründung lag nicht länger als zwei Jahre zurück.

Zusätzlich wurde eine Diskussion in einer Beratergruppe in Köln durchgeführt. Die Befragten kamen aus Hausbanken, der Industrie- und Handelskammer, Handwerkskammer, Wirtschaftsförderungseinrichtungen sowie aus der selbstständigen Existenzgründungs-Beratung.

Einen Überblick über die Verteilung der Gruppen gibt folgende Tabelle:

Tabelle 1.   Verteilung der Gruppen

	Nordrhein-Westfalen	Sachsen	
Gründerinnen	1 Gruppe	1 Gruppe	2 Gruppen
Gründer	1 Gruppe	1 Gruppe	2 Gruppen
Berater/innen	1 Gruppe		1 Gruppe
	3 Gruppen	2 Gruppen	insgesamt: 5 Gruppen

Bei der Auswertung der behandelten Fragestellungen wurde der Blick in zwei Richtungen gelenkt: Zum einen ging es um das Vorhandensein von Unterschieden zwischen Frauen und Männern. Zum anderen wurde darauf geachtet, ob Trennlinien evtl. entlang anderer Kategorien als der Kategorie Geschlecht verlaufen.

4.4 Methodische Anlage

Um ein grundlegendes Verständnis davon zu entwickeln, inwieweit es bei Existenzgründungen Unterschiede zwischen Frauen und Männern geben könnte, wurde mit Gruppendiskussionen ein konsequent qualitativer Ansatz gewählt. Die Ergebnisse stellen eine detaillierte Zusammenstellung von Ansichten, Bewertungen und Argumenten dar. Diese methodische Anlage wurde im Themenfeld „Existenzgründung von Frauen" **erstmalig angewandt und stellt damit einen neuen Forschungsbeitrag** dar.

Da in den Subgruppen Gründerinnen und Gründer sowie für die Einflussfaktoren West- und Ostdeutschland jeweils zwei Gruppendiskussionen durchgeführt wurden, konnten gemeinsame Themenschwerpunkte identifiziert werden, die über die Nennung in einer individuell zusammengesetzten Gruppe hinausweisen. Die Analyse der Diskussionen der Beratungsgruppe konnte die Ergebnisse weiter fundieren.

Nach einem Vergleich der Outputs der Diskussionen wurden die sich überschneidenden und sich somit gegenseitig bestätigenden Aspekte als zentrale Ergebnisse formuliert. Diesen Sachverhalt veranschaulicht das folgende Schaubild:

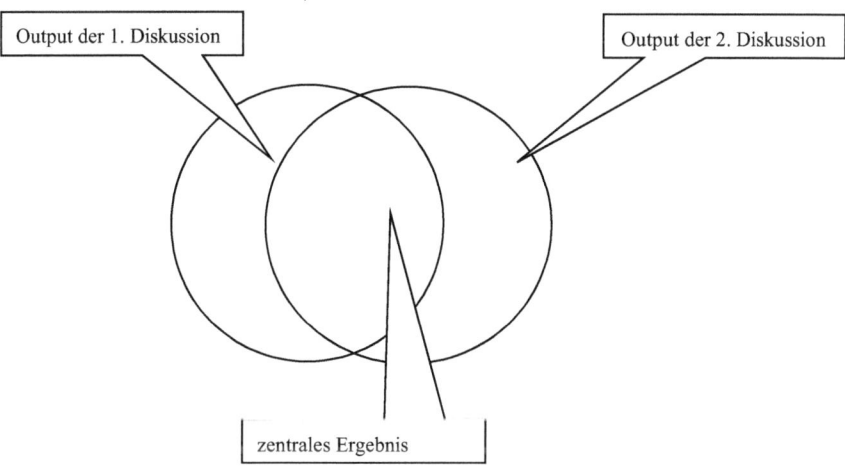

Abbildung 1.   Output von Gruppendiskussionen

Es sei jedoch an dieser Stelle darauf hingewiesen, dass die mit Hilfe von qualitativen Forschungsmethoden gewonnenen Daten sich nicht quantifizieren lassen: Aspekte, Meinungen, Einstellungen, Motive und Ideen, die in den Gruppendiskussionen zum Ausdruck kommen, bestehen ebenso auch in der entsprechenden Grundgesamtheit, jedoch nicht zwingend mit derselben Gewichtung. Bei den Ergebnissen handelt es sich daher um Erkenntnisse, die durch den speziellen Hintergrund der Befragten beeinflusst sein können und daher nicht über eine repräsentative Relevanz im statistischen Sinne verfügen.

4.5 Wesentliche Ergebnisse der Untersuchung

4.5.1 Assoziationen zum Begriff „Existenzgründung"

Die Diskussion wurde mit der Frage eröffnet, welche Gedanken die Befragten spontan mit dem Begriff „Existenzgründung" verbinden. Dabei unterschieden sich die Gründer aus Dresden in ihren Aussagen deutlich von den anderen Gruppen. Während die Männer in Dresden ungestützt überwiegend positive Assoziationen nannten, wurden in den anderen vier Gruppen zunächst vor allem Probleme oder Nachteile von Gründungen aufgezählt. Es sei an dieser Stelle darauf hingewiesen, dass die meisten Männer in Dresden vor der Gründung arbeitslos, die Männer in Köln dagegen abhängig beschäftigt waren. Dieser Umstand könnte ursächlich für die unterschiedliche Gefühlslage der Befragten in Verbindung mit der Selbstständigkeit verantwortlich sein.

Zu den erwähnten **Schwierigkeiten** zählen dabei das Risiko und die Unsicherheit einer Gründung, unzählige Wege zu Behörden und Banken, Geldprobleme, fehlende Informationen, die Abhängigkeit von vielseitiger Unterstützung sowie die Entbehrungen und der Stress der Anfangsphase. Ein positives Gefühl vermitteln dagegen erste Erfolgserlebnisse, z.B. in Form gelungener Aufträge und Weiterempfehlungen durch zufriedene Kunden.

Wenn die Existenzgründung auch mit vielen negativen Aspekten verbunden wird, so wird sie dennoch keinesfalls insgesamt negativ bewertet. Vielmehr zeigt sich an der Aufzählung der Motive für eine Gründung, dass der Existenzgründung auch viele positive Aspekte zugeschrieben werden.

4.5.2 Motive für eine Existenzgründung

In allen fünf Gruppen stehen die **Verwirklichung eigener Ideen** sowie die **Unabhängigkeit** von einem Arbeitgeber als die wesentlichen intrinsischen Motive für eine Gründung im Mittelpunkt. Gründerinnen und Gründer wollen nicht mehr durch Hierarchien gebunden und an der Realisierung einer „eigenen Handschrift" gehindert werden. Daneben spielt auch eine wichtige Rolle, dass – oft bei einem gleichbleibenden Einsatz von Energie und Zeit – ein höheres Einkommen erwartet wird, da das Gehalt nicht mehr vom Arbeitgeber festgelegt wird.

Bei den Männern in Köln werden diese Beweggründe durch den Aspekt ergänzt, dass in der bisherigen Firma eine Position erreicht wurde, von der aus ein weiterer **Aufstieg** in der Hierarchie nicht möglich ist. In dieser Vorstellung wird der Weg in die Selbstständigkeit als einzige Möglichkeit gesehen, das eigene Aufgabenfeld zu erneuern und zu erweitern.

Vor allem im Westen wurde von Gründerinnen und Gründern als extrinsisches Motiv auch genannt, dass eine sich **bietende Gelegenheit** ergriffen wurde – sei es die Übernahme eines elterlichen oder fremden Betriebes oder eine ideale Kombination aus geeigneten Räumen, einer langfristig geplanten Vorbereitung und privaten Umständen. Im Osten ist das vorherrschende extrinsische Motiv dagegen, dass die Existenzgründung als der einzige Weg heraus aus der **Arbeitslosigkeit** erscheint. Ein weiteres extrinsisches Motiv für Frauen in Dresden ist, im Vergleich zu Männern **schlechtere Berufschancen als abhängig Beschäftigte** zu haben und daher die Selbstständigkeit als bessere Alternative der Anstellung vorzuziehen.

Zwar war das Thema **flexiblere Arbeitszeiten** für alle Gründerinnen und Gründer relevant, jedoch diskutierten die Gründerinnen in Köln sowie die Beraterinnen in diesem Zusammenhang das Thema **Familie und Beruf** ausführlicher. Die Nennungen waren dabei zweigeteilt. Auf der einen Seite stehen die Frauen, deren Kinder bereits ein gewisses Alter erreicht haben und die nach einer Familienphase nun zurück in den Beruf wollen. Da die Rückkehr in die ehemalige, qualifizierte Berufstätigkeit häufig nicht möglich ist, sehen sie in der Existenzgründung die Lösung dieses Problems. Auf der anderen Seite stehen Frauen, die noch keine Kinder haben und von der freieren Zeitgestaltung in der Selbstständigkeit größere Möglichkeiten der Vereinbarkeit von Familie und Beruf erwarten.

4.5.3 Vorbereitung auf die Gründung

Gründerinnen und Gründer schilderten in den Gruppendiskussionen verschiedene Vorgehensweisen, mit denen sie sich auf die Selbstständigkeit vorbereitet hatten. Die Gründer in Köln berichteten von den umfassendsten Maßnahmen, die nicht nur die Absolvierung von Fachkursen, sondern auch private Fortbildungen im kaufmännischen Bereich beinhalteten. Einige waren vor der Gründung als kaufmännischer Geschäftsführer tätig und sahen diese Tätigkeit als vorbereitende Maßnahme für die Selbstständigkeit. Aber auch die anderen Befragten schilderten, dass sie sich mit Hilfe von Beratungsinstitutionen auf die Tätigkeitsfelder vorbereitet hatten, in denen sie besondere Stolpersteine vermuteten, nämlich im **kaufmännischen Be-**

reich. Besonders im Zusammenhang mit der Erstellung des Gründungs-
konzeptes wurden von einigen TeilnehmerInnen auch Marktanalysen erwähnt.

Die Berater und Beraterinnen zeichneten aus ihrer Berufspraxis heraus ein
anderes Bild. Sie schilderten, dass es zwar auf der einen Seite den gut vor-
bereiteten Gründer gebe, der sich in Eigeninitiative so weit fortbildet, dass
die von ihm besuchten Existenzgründungsseminare ihm kaum Neues vermitteln können. Auf der anderen Seite unterschätze ein Großteil der GründerInnen die Anforderungen deutlich und sei in fast allen Aspekten sehr
schlecht vorbereitet, sei es bezüglich der Konkretisierung der Geschäftsidee, der kaufmännischen Qualifikation, der Markt- und Zielgruppen-
analyse, der ehrlichen Prüfung der Eignung der eigenen Persönlichkeit oder
der Absicherung des Unternehmens im Krankheitsfall. Für die sorglose
Einstellung dieser Gründerinnen und Gründer machten die Beraterinnen
und Berater auch die Imagekampagnen der letzten Zeit verantwortlich, die
ihrer Meinung nach vermitteln, dass Gründung einfach sei und jeder öffentliche Förderung bekomme.

4.5.4 Barrieren und Probleme in der Gründungsphase

Was sind die antizipierten Barrieren, die Gründerinnen und Gründer eine
Entscheidung für die Selbstständigkeit nicht leicht machen? Ohne dass
sich die Subgruppen hier relevant unterscheiden würden, können verschiedene Punkte ausgemacht werden, die den Befragten den Schritt in die
Selbstständigkeit erschweren. Dazu gehört die Angst vor der neuen Situation, in der die abhängig Beschäftigten vorhandene Sicherheiten aufgeben,
die Arbeitslosen neue Risiken eingehen. Die meisten GründerInnen stellen
sich nicht nur die Frage, ob die Kredite zurückgezahlt werden können,
sondern auch, ob man gut genug vorbereitet, ausreichend informiert und
als UnternehmerIn geeignet ist. Zentral ist die **Existenzsicherung** (der
Familie) sowie die **Unübersichtlichkeit** des für die Befragten intranspa-
renten und unstrukturierten Prozesses der Gründungsvorbereitung. Besonders die Entwicklung eines Unternehmenskonzeptes stellt für viele ein
großes Problem dar.

Ist die Entscheidung dann gefallen und der Weg in die Selbstständigkeit
begonnen, treten andere Probleme auf. Dies sind insbesondere Auseinan-
dersetzungen mit Banken und Behörden, fehlende Zeit für notwendige
Arbeiten wie Marketingmaßnahmen sowie die Zahlungsmoral der Kunden,
die in den Augen der Gründer in Köln und Dresden auch nach der An-

fangsphase eines der größten Probleme ist. Von den Gründerinnen sowie den Beraterinnen und Beratern wird dieser Punkt dagegen nicht thematisiert.

Von den **Gründern** und in der Beratungsgruppe wird außerdem angeführt, dass das Marketing bzw. die **Akquise von Kunden** bei laufendem Geschäft Probleme aufwirft, dass Kalkulationen und Preisverhandlungen erlernt werden müssen. Schwierigkeiten mit dem **Zeitmanagement** erwachsen auch dann, wenn die Größe des Geschäftes und die Anzahl der Aufträge zu-, der Überblick dagegen abnimmt und Gegenmaßnahmen nicht eingeleitet werden.

Die befragten **Gründerinnen** thematisieren insbesondere in Köln mehr den **privaten Aspekt des Zeitmanagements**. So wird die Konzentration ausschließlich auf die Arbeit als problematisch erlebt. Für die Frauen mit Kindern nimmt dies die Form der Vereinbarkeitsproblematik an: Wie kann genug Zeit für die Kinder geschaffen und das eigene Gewissen vom Vorwurf der „Rabenmutter" entlastet werden?

Gegen Ende der Gruppendiskussionen wurde in allen Gruppen explizit die Frage aufgeworfen, ob **Frauen andere oder mehr Probleme auf dem Weg in die Selbstständigkeit haben**.

Insbesondere in den Aussagen der Männer überwog die Antizipation einer **Mutterschaft**, die Banken von der Kreditvergabe abhalten könne. Interessant ist hier, dass die befragten Männer ausschließlich eine zukünftige Mutterschaft als Problem bei einer Existenzgründung sehen – Gründerinnen scheinen für sie automatisch Frauen ohne Kinder zu sein. Von den von uns befragten Gründerinnen dagegen haben zehn Kinder, nur acht haben keine Kinder. Das (kinderlose) Bild, das die Männer von „der Gründerin" haben, entspricht also zumindest in der vorliegenden kleinen Stichprobe nicht der Realität.

Von den Gründerinnen, **mehr aber noch von den Gründern** wurde geäußert, dass Frauen von ihren Verhandlungspartnern oft weniger ernst genommen würden als Männer und daher in **geschäftlichen Gesprächen** einen schwereren Stand hätten. Die Gründer in Dresden schilderten solche Männer als traditionalistisch und älter und ordneten sich selbst nicht als schwierige und vorurteilsbeladene Gesprächspartner ein.

Abweichend von einer Zuordnung von Problemen zur Kategorie Geschlecht wurde an diesem Punkt von einigen Gesprächspartnern betont, dass hinsichtlich der Differenzen die **Branche**, in der gegründet werde, eine größere Rolle spielt als die Gründung durch Frau oder Mann.

Die Berater und Beraterinnen gingen ebenfalls auf die **Vereinbarkeit** von Familie und Beruf als Einflussfaktor bei der Existenzgründung ein, sahen die Wirkungszusammenhänge aber differenzierter. Sie beschrieben ebenfalls, wie es auch in den anderen Gruppen formuliert wurde, dass Frauen aufgrund traditioneller gesellschaftlicher Vorstellungen von der Aufgabenteilung in der Familie größere Probleme haben.

Zusätzlich sehen sie in der Konsequenz besonders bei der Kreditvergabe Unterschiede, die sich auf solche Frauen beziehen, die aufgrund einer Familienphase ihre Berufstätigkeit unterbrochen haben: keine Kredithistorie (Konto auf Namen des Ehemannes) und geringes Eigen- und damit Startkapital. Die Unterschiede im Eigenkapital kann es auch dann geben, wenn die Gründerin durchgehend berufstätig war, aber über ein relativ niedriges Einkommen verfügte, wie es in vielen „Frauenberufen" üblich ist.

4.5.5 Unterstützung durch das private Umfeld

Insgesamt klang in allen Gruppendiskussionen an oder wurde explizit formuliert, dass die Unterstützung durch die Familie oder das weitere private Umfeld für die Existenzgründung sehr wichtig ist *(„Wenn die Familie nicht mitspielt, braucht man nicht anzufangen."*, Gründer Köln). Die tatsächlich erhaltene – ideelle und materielle – Unterstützung scheint aber ungleich verteilt zu sein. Besonders die **Männer in Westdeutschland** erhalten nicht nur ideelle, sondern zum größten Teil auch materielle Unterstützung durch die Mitarbeit ihrer Partnerinnen. Dies reicht von der (alleinigen) Zuständigkeit für Kinder und Haushalt über gelegentliche Unterstützung bei kaufmännischen Abrechnungen bis zur vollständigen Übernahme der Büroarbeiten oder einer Vollzeitanstellung. Der Schwerpunkt liegt dabei offenbar im kaufmännischen Bereich, was von den Beraterinnen und Beratern als problematisch eingeschätzt wird, da oft die dafür notwendige Ausbildung nicht vorhanden ist.

Häufiger als die Männer im Westen erwähnen die **Gründer aus Dresden**, dass die Partnerin der Selbstständigkeit nicht uneingeschränkt positiv gegenüber steht. Das Spektrum reicht hier von Spannungen aufgrund der Arbeitszeiten bis zum Entsetzen über das Vorhaben und der Gründung gegen den Willen der Ehefrau. Auch bei den Männern im Osten helfen Familienmitglieder mit, allerdings offenbar in geringerem Maße als im Westen.

Einige **Gründerinnen aus Dresden** berichten ebenfalls von Hilfestellungen durch den Partner, mehr aber noch von einer unregelmäßigen

Mitarbeit ihrer Kinder. Diese Mitarbeit wird zum Teil als familiäre Arbeitsteilung eingefordert, aber auch durch Taschengeld belohnt.

Die **Frauen aus Köln** machen deutlich mehr Aussagen dazu, dass die Familie sie nicht unterstützt. Zwar gibt es auch in dieser Gruppe ideelle und materielle Unterstützung durch Partner und Familie, doch stoßen einige der Frauen auf Skepsis und Ablehnung der Eltern oder sehen in der Ablehnung der Gründung durch den Ehemann den Grund für eine Scheidung (*„Vor der Existenzgründung war ich noch verheiratet. Jetzt nicht mehr.“*, Gründerin Köln). Auf der anderen Seite gibt es auch Äußerungen, dass die Unterstützung aufgrund der bisherigen Arbeit für die Familie in einer Familienphase prinzipiell erwartet und eingefordert wird oder dass nach der Gründung ein Prozess des Umdenkens bei der Familie stattfindet. Auch gibt es zum Teil recht umfassende Unterstützungsleistungen im Freundeskreis sowie Berichte über einen erhöhten Respekt des privaten Umfeldes.

Auf der Grundlage dieser Äußerungen lässt sich hinsichtlich der Unterstützung der Gründung durch den Partner bzw. die Partnerin folgendes Spektrum zeichnen:

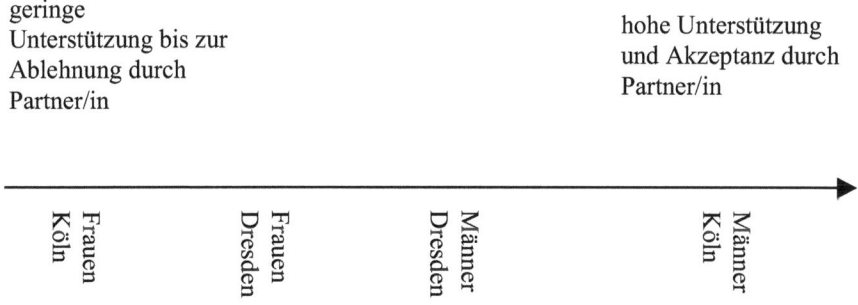

Abbildung 2.   Unterstützung durch Partnerin bzw. Partner

Die geringe Anzahl von DiskussionsteilnehmerInnen in der qualitativen Untersuchung lässt keine repräsentativen Aussagen über die Unterstützung im privaten Umfeld zu. Dennoch ist zu erkennen, dass zwar Frauen tendenziell weniger auf eine ausgeprägte Unterstützung durch ihren Partner bauen können, dass aber auch andere Kategorien, wie hier die unterschiedlichen Vorstellungen über eine Existenzgründung bzw. Rollenbild in Ost- und Westdeutschland, einen Einfluss auf die erbrachten Hilfestellungen haben.

In der Gruppe der **Beraterinnen und Berater** wurde aufgrund der Erfahrung nicht nur bestätigt, dass die Unterstützung durch die Familie sehr wichtig ist, es wurden auch spontan die oben genannten Unterschiede zwischen Gründerinnen und Gründern thematisiert. In ihrem beruflichen Alltag nehmen die Befragten wahr, dass für Frauen der Partner und die Familie häufig ein zusätzliches Problem darstellen, während sie für Männer oft eine Erleichterung bedeuten (*„Der Unternehmer hat seine Familie im Rücken und die Unternehmerin hat die Familie im Nacken.*", Beraterin Köln). Besonders wenn sich Frauen aus einer Familienphase heraus selbstständig machen, müssen Zuständigkeiten in Diskussionen neu geregelt werden (*„Ich habe den Rückhalt von meinem Mann und meinen Kindern. Die haben aber auch keine Chance. Ich habe so lange für die zu Hause gesorgt, jetzt ist Schluss.*", Gründerin Köln).

Die bei einigen Gründerinnen fehlende Unterstützung des Partners kann nicht nur in ideeller Hinsicht eine Gründung erschweren. Da Banken meist die Haftung des Partners bzw. der Partnerin für den Kredit einfordern, kann die Ablehnung des Ehemannes sogar zu einem Scheitern des Projektes führen.

4.5.6 Erfahrungen mit der Gründungsberatung und -qualifizierung

In allen Gruppen wird die Notwendigkeit und Bedeutung von – guter! – Beratung als sehr wichtig eingeschätzt. Die Beurteilung der GründerInnen, wie gut die bisher erhaltene bzw. verfügbare Beratung ist, geht allerdings weit auseinander. Die Tendenz ist, dass die befragten Gründer zu einem größeren Teil positive Erfahrungen schildern, die Gründerinnen dagegen mehrheitlich von Problemen und schlechter Beratung berichten. Diese Diskrepanz in der Bewertung kann mehrere Gründe haben: möglicherweise sind die befragten Frauen kritischer in der Beurteilung erhaltener Leistungen als Männer bzw. ihre Erwartung können anders oder höher gelagert sein als die der Männer; ein anderer Grund könnten tatsächlich aufgetretene Qualitätsunterschiede in der Beratung sein.

Dabei unterscheiden sich die **Gründer** noch einmal insofern, als in Köln von einem ganzen Spektrum von Beratungsstellen bzw. Beratern berichtet wird, das öffentliche und private Stellen einschließt, und aus dem die individuell geeignete Beratung ausgewählt wird. In Dresden dagegen überwiegen Erfahrungen mit dem **Existenzgründungszentrum Sachsen e.V. (Exis)**, da diese Institution für den Großteil der befragten Männer als für sie geeignete und wesentliche Beratung verankert zu sein scheint.[3]

Auch in den Aussagen von befragten **Gründerinnen** in West und Ost sind Differenzen zu erkennen. Zwar berichten beide Gruppen von Gründerinnen wie die Männer im Westen von einem Spektrum von Beratungseinrichtungen, unter denen es gute und schlechte gäbe. Allerdings konzentrieren sich die Aussagen der Frauen in Sachsen mehr auf Behörden und Institutionen wie die IHK, während im Westen auch Unternehmensberater sowie Steuerberater genannt werden. In beiden Gruppen wird am Rande erwähnt, dass **Frauen als Beraterinnen bzw. auf Frauen spezialisierte Einrichtungen besonders hilfreich gewesen seien.**

Die **Berater und Beraterinnen** thematisieren weniger das Spektrum von Möglichkeiten. Vielmehr kritisieren sie auf der einen Seite die Unübersichtlichkeit und Qualität des Angebots, auf der anderen Seite den Umgang der Gründerinnen und Gründer mit der Beratung. Viele GründerInnen würden nach Aussage der Berater und Beraterinnen dazu neigen, eigene unternehmerische Verantwortung insbesondere im kaufmännischen Bereich an externe Berater (Steuerberater) abzugeben. Damit nähmen sie sich die Grundlage für eine angemessene Bewertung ihres Geschäftes sowie die Möglichkeit des frühzeitigen Gegensteuerns bei Schwierigkeiten.

Im Detail treffen die Befragten in allen Gruppen eine Vielzahl von Aussagen über gute und schlechte Beratung. Aspekte, die eine **schlechte Beratung** ausmachen, sind dabei zum Beispiel:

- Unübersichtlichkeit der verschiedenen Beratungsmöglichkeiten, Intransparenz des Angebotes,

- hohe Kosten für Berater, da es in der Anfangsphase insbesondere an Finanzmitteln mangelt,

---

[3] Das Existenzgründungszentrum Sachsen e.V. (Exis) ist Teil eines Projektes der Bundesanstalt für Arbeit und des Arbeitsamtes Dresden. Zu den weiteren Kooperationspartnern zählen die Deutsche Bank-Stiftung und die Sächsische Aufbaubank (SAB).

- hoher Zeitaufwand durch Besuch verschiedener Beratungseinrichtungen (z.B. in Kammern und Behörden),

- inkompetente, da schlecht qualifizierte Berater,

- keine individuelle Anpassung der Beratung auf die Geschäftsidee,

- keine branchenspezifischen Informationen,

- Nutzung von Informationsveranstaltungen bzw. Seminaren als Werbeplattformen für Berater (keine Neutralität),

- Abschreckung durch Schilderungen extremer Entbehrungen bei Selbstständigkeit,

- Beratung nur vor der Gründung, nicht bei Fragen im Gründungsprozess und danach.

Gute Beratung wird für die Befragten von folgenden Punkten gekennzeichnet:

- Strukturierung des Gründungs– und Beratungsprozesses,

- Hinweise auf notwendige Formalitäten, wichtige Behörden und hilfreiche Ansprechpartner,

- Informationen über geeignete Fördermittel,

- Vorbereitung auf den Kontakt zur Bank, auf die Antragstellung,

- Verfügbarkeit eines Ansprechpartners, der nicht für jede Auskunft Gebühren berechnet,

- Einbindung in ein Existenzgründungsnetzwerk,

- Austausch mit bereits erfahrenen Selbstständigen,

- Aufbau einer Vertrauensbeziehung zum Berater, zur Beraterin,

- kritische Beratung, die durch konstruktive Kritik ein Gefühl von Sicherheit gibt,

- Unterstützung bei der Erstellung des Unternehmenskonzeptes,

- individuell angepasste Beratung,

- Vermittlung kaufmännischen Wissens,

- langfristig angelegte Beratung: vor, während und nach der Gründungsphase.

Die Verteilung von Noten auf verschiedene **Beratungseinrichtungen** oder Berater fällt – wie zu erwarten war – unterschiedlich aus. So gibt es z.B. über die Existenzgründungsseminare der IHK sowohl positive als auch negative Urteile, je nachdem, ob die oben aufgezählten Punkte in den Augen der Befragten erfüllt wurden. Eine relativ geschlossene, gute Bewertung gibt es nur in der Gruppe der Gründer in Dresden. Dort wird Exis als sehr hilfreich beurteilt, da es Informationen über die verschiedenen Bereiche der Gründung bündelt und den Erfahrungsaustausch mit anderen ermöglicht. Die Gründerinnen in Dresden thematisieren diese Initiative in einem weitaus geringeren Maße und brachten auch hier – wie bei fast allen Beratungseinrichtungen – vor allem Kritik an.

In der Beratergruppe wurde außerdem die Möglichkeit diskutiert, die Transparenz des Beratungsangebots zu erhöhen sowie die Qualität der Beratung zu sichern. Die Vorschläge gingen in zwei Richtungen: 1) Einrichtung einer Stelle, bei der Berater sich auf freiwilliger Basis zertifizieren lassen können; 2) Verstärkte Kooperation zwischen bereits vorhandenen Stellen, Bündelung und qualitative Weiterentwicklung von Beratungs- und Qualifizierungsangeboten.

4.5.7 Erfahrungen mit der Finanzierung

In den Gruppendiskussionen mit Gründerinnen und Gründern wurde deutlich, dass sie gegenüber den Hausbanken **große Unsicherheiten** empfinden. Die Befragten fühlten sich den Hausbanken vollständig ausgeliefert, da hier die Entscheidung über einen Kredit und damit in vielen Fällen auch über die Verwirklichung der eigenen Existenzgründung gefällt wird.

Diese Unsicherheiten sind nicht nur diffus in den Aussagen zu erkennen, die z.B. auf die Intransparenz der Kriterien für eine Bewilligung beziehen, sie werden auch durch die Schilderung konkreter Vorgänge unterlegt. In diesem Zusammenhang werden u.a. die Schwierigkeiten bei der Beantragung von Kleinkrediten insbesondere aus Fördermitteln genannt. Alle fünf Gruppen berichten darüber, dass kleine Kreditsummen sehr schwer zu erhalten seien. Oftmals wird die Kreditgewährung grundsätzlich abgelehnt, teilweise wird die Beantragung von Fördermitteln durch einen Hauskredit ersetzt. Außerdem werden Unterschiede zwischen den Bankensektoren gezogen: erfolgversprechend ist nach Aussage der Befragten fast ausschließlich ein Kontakt mit Sparkassen oder Genossenschaftsbanken, Großbanken würden Förderkredite aus der Erfahrung der Befragten fast nie beantragen.

Die grundsätzliche Beurteilung eines Kreditantrages (Hausbank-Kredit oder Fördermittel) wird aber nicht nur von der Kredithöhe abhängig gemacht. Als weitere Faktoren, die eine große Rolle spielen, sehen die Befragten zum einen die **Branche**. So würden Gründungen in der Gastronomie, im Lebensmitteleinzelhandel oder im Baugewerbe nach Ansicht der Befragten oftmals grundsätzlich nicht unterstützt, ohne das konkrete Vorhaben auf seine Realisierungschancen zu prüfen. Zum anderen wird der/die zuständige **BankberaterIn** als mitentscheidend für den Erfolg der Antragsstellung erfahren. Seine bzw. ihre Kompetenz, Einsschätzung des Gründungsvorhabens und die Sympathie bzw. Antipathie der Gründerin oder dem Gründer gegenüber beeinflussten die Entscheidung in beträchtlichem Maße. Die Bedeutung dieser drei Faktoren (Kredithöhe, Branche, Person des Bankberaters) wird auch in der Beratergruppe bestätigt.

Hat die Bank einen Kredit ohne große Unstimmigkeiten gewährt bzw. beantragt, wird aber auch von einem **Vertrauensverhältnis** berichtet, das sich bis hin zu Hilfestellungen bei der Konzepterstellung oder Strategiebesprechungen erstreckt.

In dieser Situation wird die Vorbereitung des Kontaktes mit der Hausbank durch Informationen und unterstützende Gespräche durch die DtA oder andere Förderbanken von einigen Befragten als hilfreich beschrieben. Der generelle Tenor der Gruppen bezüglich der öffentlichen Förderung war, dass diese für die meisten eine **unabdingbare Voraussetzung** darstellt, um die Selbstständigkeit realisieren zu können. Dies liegt nicht nur in den Zuschüssen oder günstigeren Konditionen der Kredite begründet, sondern auch darin, dass aufgrund nicht vorhandener Sicherheiten und Eigenkapitals die Hausbanken ohne die öffentliche Förderung nicht bereit gewesen wären, Mittel zur Verfügung zu stellen. An dieser Stelle sei angemerkt, dass die überwiegende Mehrheit der befragten Gründerinnen und Gründer mit öffentlichen Mitteln gefördert wurde – im Westen v.a. mit zinsgünstigen Kreditmitteln, im Osten häufig auch mit Zuschüssen aus dem Exis-Programm.

4.5.8 Gründungsbesonderheiten von Frauen

Kurz vor dem Abschluss der Gruppendiskussionen wurde in allen Gruppen explizit die Frage aufgeworfen, ob es bei Existenzgründungen Unterschiede zwischen Frauen und Männern gibt. Auch in dem bisher Gesagten wurde bereits durch den Vergleich der befragten Gruppen darauf eingegangen, wenn der Einflussfaktor Geschlecht in den Diskussionsbeiträgen eine Rolle spielte. An den Antworten auf die expliziten Fragen nach den Geschlechterdifferenzen lässt sich darüber hinaus ablesen, inwieweit in der Selbstwahrnehmung der Frauen bzw. der Fremdwahrnehmung der Männer das Geschlecht bei Existenzgründungen von Frauen eine Rolle spielt. Unabhängig davon, ob sich die Aussagen auch objektiv durch Zahlen belegen lassen, ist diese Wahrnehmung ein wichtiger Faktor bei der Herangehensweise von Frauen und Männern an die Selbstständigkeit bzw. für die Bedingungen und Vorurteile, die Frauen vorfinden.

Grundsätzliche Aussagen über *Unterschiede zwischen Frauen und Männern – unabhängig vom Thema Existenzgründung –* wurden v.a. in den Gruppen mit Gründerinnen sowie in der Gründergruppe in Dresden gemacht. Die Gruppe der Berater und Beraterinnen erwähnte Unterschiede nur im Zusammenhang mit Gründungen, die Männer in Köln waren sehr zurückhaltend mit ihren Aussagen über Frauen.

Ein Grundtenor der Aussagen aus den Gruppen war, dass Frauen als (positiv gewendet) **vorsichtiger und überlegter** bzw. (negativ gewendet) als **ängstlicher und unsicherer** eingeschätzt wurden als Männer. Von einigen Frauen wurde gleichzeitig gesagt, dass einer selbstbewusst auftretenden Frau die gleichen Optionen und Spielräume offen stehen wie Männern. Deutlich wird, dass es durch die Gleichsetzung von Frau und Ängstlichkeit bzw. Unsicherheit für Gründerinnen eine Hürde zu überwinden gilt, die sich für Gründer so meist nicht stellt, da von ihnen erwartet wird, dass sie risikofreudig und selbstbewusst sind.

Vor allem die Gründerinnen, aber teilweise auch die Gründer schrieben Frauen noch weitere Eigenschaften zu, die den allgemein verbreiteten **Stereotypen** entsprechen. Dazu gehörten ein größeres Organisationsgeschick aufgrund ihrer Erfahrungen mit Familie, eine größere Sprachbegabtheit, ein größeres Verhandlungsgeschick, eine größere Kreativität, mehr Sparsamkeit und eine ausgeprägtere soziale Orientierung. Ebenso wurden den Männern Klischees zugeordnet, angefangen von Pragmatik über Rationalität bis hin zu Statusorientierung.

Wie stets bei Stereotypen wurden auch in der vorliegenden Untersuchung häufig „den" Frauen bzw. „den" Männern widersprüchliche Eigenschaften zugeschrieben: Je nach subjektiver Erfahrung oder angesprochenem Bereich sind Männer komplizierter oder pragmatischer, Frauen hartnäckiger oder leichter abzuschrecken. Teilweise wurde die Diskussion über die Verteilung von Eigenschaften in den Gruppen recht kontrovers geführt, z.B. wenn es um die Zuschreibung von Rationalität und Emotionalität zu Frauen und Männern ging.

Bei der Frage nach *Unterschieden zwischen Frauen und Männern bei Existenzgründungen* sahen die Männer in Köln und Dresden Unterschiede v.a. in dem Wunsch nach Selbstständigkeit. Bei Frauen beschrieben sie ihn als weniger ausgeprägt, da Frauen als Alternative die „Selbstständigkeit" in den Tätigkeiten als Hausfrau und Mutter haben. Daher waren für viele Befragte insbesondere solche Frauen als Gründerinnen denkbar, die noch keine Kinder haben und sich beweisen wollen. Eine Voraussetzung für die Existenzgründung bei Frauen ist demnach nach Vorstellung der Männer, dass sie nicht familiär gebunden sind. Bei den Männern sei außerdem, wenn sie auch gleichzeitig Väter sind und Familie haben, der Erfolgsdruck in der Selbstständigkeit stärker ausgeprägt wäre als bei Frauen, da sie sich der Rolle des Familienernährer verbunden fühlen.

Auch die Frauen in Köln sprachen diese Unterschiede an, allerdings wurden sie nur am Rande erwähnt. Da aber in Köln (und auch in Dresden) viele Gründerinnen mit Kindern, teilweise auch alleinerziehend, vertreten waren, wurde diese Sichtweise von den anwesenden Frauen entkräftet. Demnach sei der Erfolgsdruck bei Frauen in der Selbstständigkeit auch sehr stark. Die **Gründerinnen in Dresden** nannten als geschlechtsspezifische Unterschiede bei der Existenzgründung v.a. andere Motive von Frauen für die Entscheidung, sich selbstständig zu machen. Dazu gehören die den Frauen im Vergleich zu Männern zugeschriebenen schlechteren Berufschancen als abhängig Beschäftigte.

Auch die Beraterinnen und Berater gingen auf die besonderen Motive von Frauen ein, eine eigene Existenz zu gründen. Dazu gehörte, wie schon im vorhergehenden Kapitel erwähnt, der neue berufliche Anfang nach der Familienphase. Aber auch bei der Aufrechterhaltung des Unternehmens wurden Unterschiede dargestellt: Männern wurde zugeschrieben, dass ihr Unternehmen einen möglichst hohen Gewinn abwerfen solle. Frauen dagegen seien mehr an der Verwirklichung ihrer Ideen als an Gewinnmaximierung orientiert. Bei der Frage nach Unterschieden wurden jedoch auch

Bedenken laut, dass man Differenzen nicht der Kategorie Geschlecht zuordnen könne, sondern das weitere Umfeld mit anderen Einflussfaktoren beachten müsse. Während es für solche Frauen, die im Vollzeiterwerb aus einem Beschäftigungsverhältnis heraus in einer gängigen Branche ein Unternehmen gründen, kaum schwieriger sei als für Männer, träfen Probleme v.a. solche Frauen, die nach einer Familienphase bzw. Berufsunterbrechung in einer Nischenbranche, evtl. auch im Teilzeiterwerb gründen. Eine Rechtsanwältin beispielsweise habe nicht mehr Probleme als ihr männlicher Kollege. Die Aussagen der beiden Rechtsanwältinnen in den Gruppendiskussionen bestätigten tendenziell diese These, da beide Gründerinnen von einem problemlosen Gründungsprozess berichteten.

In diesem Teil der Gruppendiskussionen wurde offensichtlich, dass auch im Kontext von Existenzgründungen ein umfassendes Repertoire von Stereotypen zur Verfügung steht, das – unabhängig vom tatsächlichen Zutreffen auf die individuelle Person – Frauen (und auch Männer) erst einmal auf eine bestimmte Position festlegt, die in der Praxis bestätigt oder überwunden werden muss. Im Klartext bedeutet dies, dass wenn bestimmte geschlechtsgebundene Stereotypen wie beispielsweise eine geringere Entscheidungsfreudigkeit von Frauen mit den berufsspezifischen Eigenschaften (z.B. eines Unternehmers bzw. einer Unternehmerin) kollidieren, automatisch unbewusste Selektionsmuster bei den beteiligten Personen einsetzen. Wenn beispielsweise eine Frau einen Berater bei der Gründung einbezieht und dieser generell den Frauen eine geringere Entscheidungsfreudigkeit unterstellt, daher auch nicht an den Erfolg des Vorhabens glaubt, muss sie zunächst das Gegenteil beweisen. Ein Mann braucht hingegen keine Beweise zu bringen, da ihm ein Grundmaß an Entscheidungsfreude zugesprochen wird. In diesem Prozess gibt es dann eine latente Diskriminierung, die jedoch bei einer offenen Aussprache meist widerlegt wird.

4.5.9 Spezielle Unterstützungsleistungen für Gründerinnen

In allen Gruppen wurde explizit die Frage gestellt, ob Gründerinnen gesonderte Unterstützungsleistungen brauchen. Diese wurden nur von einer Gruppe vorgeschlagen, nämlich von den Gründern in Köln. In allen anderen Gruppen wurden zwar sehr wohl Änderungen angestrebt, die sich teilweise auf Bereiche beziehen, die für Gründerinnen als Teilmenge einer betroffenen Subgruppe besonders hilfreich sein können wie beispielsweise Qualifizierungsangebote für die Wiedereinsteigerinnen aus der Familienphase oder für ausländische Gründerinnen. Spezielle Hilfestellungen im

Sinne einer **„Frauenförderung"**, die explizit ausschließlich auf die Kategorie „Frau" rekurriert, werden jedoch **nicht gefordert**.

Die Unterstützungsleistungen, die die Männer in Köln benennen, beziehen sich auf den Bereich Vereinbarkeit von Familie und Beruf. Zum einen wird gerechtfertigt, dass Männer keine oder kaum Pflichten bei der Kindererziehung übernehmen, da aufgrund des geringeren Einkommen der Ehefrau ein Vaterschaftsurlaub bzw. eine Unterbrechung der Berufstätigkeit des Mannes keine Option sei. Folgerichtig wird als Lösung der Vereinbarkeitsproblematik und der damit bei Entscheidern verbundenen Vorurteile gefordert, dass jede Gründerin schon in ihrem Geschäftskonzept für möglicherweise in Zukunft vorhandene Kinder ein Betreuungskonzept erstellt, also eine Ganztagsbetreuung durch Großmutter oder Hort antizipiert (Väter oder Großväter wurden nicht erwähnt).

4.6 Zusammenfassung

Die durchgeführten fünf Gruppendiskussionen zum Thema Existenzgründung haben eine Vielfalt von Meinungen und Einstellungen sowie von Unterschieden und Übereinstimmungen bestimmter Subgruppen zutage gefördert. Unterschiede hinsichtlich der Prozesse der Existenzgründung konnten dabei an verschiedenen Kategorien festgemacht werden. Eine Rolle spielte u.a. die **Diskrepanz zwischen Ost- und Westdeutschland**, die sich nicht nur an einer anderen Förderlandschaft, sondern auch an Gründungen erkennen ließ, die für einen Großteil der Befragten aus der Arbeitslosigkeit herausführen sollten. Diese alternativlose Lage war auch in den Motiven für eine Gründung sowie in der weniger geplanten Selbstständigkeit wiederzufinden. Außerdem haben Gründer und Gründerinnen in Dresden andere Erfahrungen mit der Beratung im Vorfeld der Gründung gemacht als in Köln.

Unterschiede zwischen **Gründerinnen und Gründern** zeigten sich an verschiedenen Stellen. Einige Unterschiede sind im privaten Umfeld zu finden. So stellt es eine grundsätzliche Hürde für Frauen dar, dass ihnen häufig ganz selbstverständlich Aufgaben im Bereich Familie zugeordnet werden. Nicht alle Unterschiede beruhen aber allein auf geschlechterdifferenten Zuschreibungen. Vielmehr sorgt insbesondere die Koppelung von Geschlechterstereotypen mit anderen Vorstellungen, Handlungsweisen und Mechanismen dafür, dass Frauen in einigen Bereichen auf besondere Hürden treffen. Nach den Aussagen der Befragten profitieren Gründerinnen beispielsweise im Vergleich zu Gründern tendenziell weniger von ideeller und materieller Unterstützung durch das private Umfeld. Während die Männer von ihrer Partnerin nicht nur im Bereich Familie, sondern besonders auch im Bürobereich unterstützt werden, ist bei den Frauen ein Spektrum von punktueller materieller Unterstützung (z.B. bei EDV- oder Handwerksarbeiten) und hoher ideeller Unterstützung auf der einen bis hin zur grundsätzlichen Ablehnung der Gründung durch den Partner auf der anderen Seite zu verzeichnen.

Zu den **Besonderheiten von Gründungen durch Frauen** gehört, dass sie bestimmte Branchen wie Dienstleistung und Handel bevorzugen. Daneben sind die Motive von Gründerinnen um spezifische Triebfedern erweitert. Ihre Nennungen umfassen auch eine neue Berufstätigkeit nach einer Familienphase. Wenn sie in einem Angestelltenverhältnis nicht die Möglichkeit sehen, eine vergleichbar qualifizierte Berufstätigkeit auszuüben wie vor der Berufsunterbrechung, ist die Selbstständigkeit für sie eine geeignete und oft auch die einzige denkbare Alternative. In diesem Zusammenhang ist anzusprechen, dass aufgrund der traditionell verankerten Zuständigkeit von Müttern für Kinder Gründungen von Frauen auch häufiger als bei Männern Kleinst- oder Teilzeitgründungen sind.

Da Frauen häufig Kleinstunternehmerinnen sind und daher kleinere Kreditsummen öfter als Männer benötigen, stoßen sie hier auf **besondere Probleme**, da die Vergabe von Kleinstdarlehen für die Banken in der Regel unattraktiv ist. Den Zugang zu Kleinstdarlehen zu vereinfachen, würde demnach die Existenzgründung von Frauen erheblich erleichtern. Eine solche Maßnahme griffe auch die Tatsache auf, dass die befragten Gründerinnen, Beraterinnen und Berater keine spezielle Förderung für Frauen wünschen. Es ging allen an der Gruppendiskussionen beteiligten Personen nicht darum, Frauen zu fördern, weil sie Frauen sind, sondern ihren Unternehmensgründungen zum Erfolg zu verhelfen. Darüber hinaus würde eine solche Maßnahme nicht nur die Lage von Gründerinnen verbessern, sie käme genauso Gründern mit kleineren Kreditsummen zu Gute.

Die Deutsche Ausgleichsbank kann mit eigenen Produkten dieser Zielgruppe helfen, insbesondere mit dem neuen Produkt DtA-Mikro-Darlehen, das ab 1. Oktober 2002 angeboten wird. Es richtet sich an die ganz kleinen Gründungsvorhaben mit einem maximalen Investitionsvolumen von 25.000 Euro. Das Produkt ist so konzipiert, dass es zum einen die mangelnde Sicherheiten bei Gründerinnen und Gründern abzudecken hilft. Dazu befreit die DtA die Hausbanken beim Mikro-Darlehen zu 80 Prozent vom Haftungsrisiko. Außerdem gewährt die DtA den Durchleitungsbanken zusätzlich eine Bearbeitungsgebühr und -marge. So könne auch kleine Gründungen umgesetzt werden, die ansonsten an der Finanzierung gescheitert wären. Dass dieses Angebot bei den Gründerinnen und Unternehmerinnen gut angekommen ist, zeigt der hohe Anteil (33% im Vergleich zu 20 % in anderen Produkten) dieser Zielgruppe an bis September 2003 ausgereichten Mikro-Darlehen.

4.7   Literatur

Ambos, I. (1989): Frauen als Unternehmerinnen und die Charakteristik ihrer Betriebe. Bielefeld: Kleine Verlag.

Assig, D. (1987): Mut gehört dazu. Informationen für Frauen, die beruflich selbstständig sind oder werden wollen. Reinbek: Rowohlt.

Assig, I. (1987): Existenzgründungsförderungsmaßnahmen für Frauen. Expertise für das Bundesministerium für Jugend, Familie, Frauen und Gesundheit. Berlin.

Assig, D.; Gather, C.; Hübner, S. (1986): Bruch mit der traditionellen Frauenrolle. Bericht über Existenzgründerinnen in Berlin, in: Frauenforschung, Informationsdienst des Forschungsinstituts Frau und Gesellschaft, 3/1986. S. 34-45.

Assig, D.; Gather, C.; Hübner, S. (1985): Voraussetzungen, Schwierigkeiten und Barrieren bei Existenzgründungen von Frauen. Berlin: Senator für Wirtschaft und Arbeit.

Bischoff, S. (1985): Kreditwürdigkeit – Ein Problem für Unternehmergründerinnen? Das neue Erfolgs- und Karrierehandbuch für Selbstständige und Unternehmer, Heft 10. S. 595-599.

Brüderl, J.; Preisendörfer, P.; Ziegler, R. (1996): Der Erfolg neugegründeter Betriebe. Eine empirische Studie zu den Chancen und Risiken von Unternehmensgründungen, Berlin.

Detmers, U. (1999): Unternehmerinnen großer und mittlerer Unternehmen. Fallstudien über Werdegänge, Unternehmensprofile, persönliche Profile und Erfolgsfaktoren. Bericht über das Forschungsprojekt, Bielefeld.

Döbler, T. (1998): Frauen als Unternehmerinnen. Erfolgspotenziale weiblicher Selbstständiger, Wiesbaden.

Gather, C.; Hübner, S.; May, A. (1988): Chancengleichheit und Berufsbildung. Unternehmensgründung und -leitung durch Frauen. Die Situation in der Bundesrepublik Deutschland. CEDEFOP-Dokument. Berlin.

Europäische Kommission (1993): Weißbuch für Wachstum, Wettbewerb und Beschäftigung, Brüssel, S. 160f.

Europäische Kommission (1995): Beschäftigung in Europa 1995, Luxemburg, S.18

Hartmann, H. (1968): Die Unternehmerin. Selbstverständnis und soziale Rolle, Köln und Opladen.

Hodenius, B. (1994): Berufliche Selbstständigkeit von Frauen: ein Aufbruch zu neuen Ufern? Mönchengladbach.

Jungbauer-Gans, M. (1993): Frauen als Unternehmerinnen. Frankfurt: Peter Lang.

Jungbauer-Gans, M. (1992): Frauen in der beruflichen Selbstständigkeit: Eine erfolgversprechende Alternative zur abhängigen Beschäftigung? Zeitschrift für Soziologie, 21. S. 61-77.

Jungbauer-Gans, M.; Ziegler, R. (1991): Sind Betriebsgründerinnen in der Minderheit benachteiligt? Überprüfung der „Token"-These von Rosabeth M. Kanter am Beispiel von Betriebsgründerinnen. Kölner Zeitschrift für Soziologie und Sozialpsychologie,43. S. 720-738 (mit einem Nachtrag 1992, 44. S. 366-367).

Kehlbeck, H.; Schneider, U. (1999): Frauen als Existenzgründerinnen. Untersuchung im Auftrag des Senatsamtes für die Gleichstellung, Hamburg.

Lauxen-Ulbrich, M.; Leicht, R. (2002): Entwicklung und Tätigkeitsprofil selbstständiger Frauen in Deutschland. Eine empirische Untersuchung anhand der Daten des Mikrozensus, Veröffentlichungen des Instituts für Mittelstandsforschung, Universität Mannheim, Grüne Reihe, Nr. 46.

Leicht, R. (2003): Profil und Arbeitsgestaltung soloselbstständiger Frauen und Männer: Versuch einer empirischen Verortung von Ein-Personen-Unternehmer/innen, in: Gottschall, K. & Voß, G.G. (Hg.): Entgrenzung von Arbeit und Leben, München (im Erscheinen).

Rehkugler, H.; Voigt, M.; Schilling, A. (1992): Unternehmerinnen und Unternehmenserfolg, in: Internationales Gewerbearchiv, 4/1992. S. 220-230.

Schlemper-Kubista, A.; Wollrab, H. (1980): Die wirtschafts- und gesellschaftspolitische Bedeutung der selbstständigen Unternehmerinnen und mitarbeitenden Unternehmerfrauen, Göttingen.

Sternberg, R. (2001): GEM-Länderbericht Deutschland 2001.

Tchouvakhina, M. (2002): Wirtschaftsfaktor Unternehmerin: Erfolgreiche Förderpolitik aus Sicht der Deutschen Ausgleichsbank, DtA-Studie, Bonn.

Voigt, M. (1994): Unternehmerinnen und Unternehmenserfolg. Geschlechtsspezifische Besonderheiten bei Gründung und Führung von Unternehmen,
Wiesbaden.

Welter, F. (2000b): „Einmal im Leben darf jeder etwas Risikoreiches tun" – Fallstudien von Gründern und Gründerinnen. Schriften und Materialien zu
Handwerk und Mittelstand, 9. RWI, Essen.

Welter, F.; Lageman, B.; unter Mitarbeit von Stoytcheva, M. (2003): Gründerinnen
in Deutschland – Potenziale und institutionelles Umfeld. Untersuchungen
des Rheinisch-Westfälischen Instituts für Wirtschaftsforschung, Nr. 41, Essen.

Wloch, E.; Ambos, I. (1986): Erschließung neuer beruflicher Arbeitsfelder und
Tätigkeiten für Frauen – Frauen als Selbstständige, in: ifg – Institut für
Frauenforschung, Heft 3. S. 1-33.

Wloch, E.; Siegel, I. (1988): Erschließung neuer beruflicher Arbeitsfelder und Tätigkeiten für Frauen – Frauen als Selbstständige, Teil II: Frauen in Freien
Berufen. ifg – Institut für Frauenforschung, Heft 1/2. S. 131-149.

5 Personale Merkmale unternehmerischer Tätigkeit im Geschlechtsvergleich

Ulf Kieschke

5.1 Einleitung

Ob etwas als Frauen- oder als Männersache Geltung hat, versteht sich bekanntlich nicht in jedem Belang allein von Natur her. Unstrittig, Geschlecht ist ein biologisches Faktum. Wahrnehmung und Verhaltenskonsequenzen dessen aber werden durch kulturelle Einflüsse überformt. Man nennt die normativen Richtgrößen, die hier wirksam sind, auch Geschlechtsstereotype. Als tradierte, gleichwohl wandelbare Meinungssysteme prägen sie unser soziales Weltbild in wesentlichen Aspekten (vgl. Bischof und Preuschoft 1980; Signorella 1993). Der Versuch, diese Auffassungstendenzen im ganzen als platte „Spekulation", gar als bloße Ideologie entlarven zu wollen, würde freilich übers Ziel hinausschießen. Oft nämlich bergen sie einen wahren Kern, sind also nicht samt und sonders aus der Luft gegriffen, in die sie nähere Betrachtung vorgeblich wieder auflösen könnte (vgl. Halpern 2000). Viele Stereotype jedoch bauschen Unterschiede zwischen den Geschlechtern künstlich hoch oder verallgemeinern unzulässig den speziellen Fall. Ein Beispiel aus einer Interviewstudie von Rubin et al. (1974) mag das verdeutlichen. Am Tag nach der Geburt ihres Kindes wurden Mütter und Väter u.a. zu Größe und Gewicht des Säuglings befragt (die Eltern hatten die genauen Maße noch nicht erfahren). Die Antworten waren durch einen systematischen Fehlertrend überlagert: Mädchen wurden im Stichprobenmittel für kleiner gehalten als Jungen, obschon rein objektiv keine Größenunterschiede zu Buche schlugen. In den irrigen Einschätzungen kamen scheinbar gutgesicherte Wissensbestände zum Tragen, die für den konkreten Sachverhalt allerdings wenig Informationswert besaßen. Dass *erwachsene* Männer meist größer sind als gleichaltrige Frauen, hatte die Auskünfte offenbar verzerrt. Kurzum: Erwartungen und „Sehgewohnheiten" können das Urteilsspektrum spürbar verengen; Eindrücke werden dann mitunter zweifelhaften Orientierungsstandards angepasst. Das geschieht zuweilen auch bei der Beurteilung psychischer Eigenschaften. Geschlechtsspezifik wird denn im Alltagsdenken gern überbetont – nicht selten zu Unrecht (vgl. u.a. Feingold 1994; Golombok und Fivush 1994; Knight et al. 1996; Asendorpf 1999). Ein zweiter Blick kann deshalb lohnen. Wir wollen einen solchen auf ein Berufsfeld werfen, das viele möglicherweise als typische Männerdomäne einordnen würden: Unternehmertum. Ist jene Laufbahnentscheidung für Männer und Frauen in gleicher Stärke an bestimmte personale Eignungsvoraussetzungen gebunden, ja lassen sich geschlechtsspezifische Determinanten geschäftlichen Erfolgs aufdecken? Die Frage selbst fußt bereits auf einer erörterungsbedürftigen Annahme. Der nämlich, Personenmerkmale verrieten etwas über unternehmerische Tüchtigkeit. Die These mag den unbefangenen Leser zunächst überraschen. Hängen Entwicklungschancen eines Gründungsprojekts nicht vielmehr von Marktgesetzen und regionaler Infrastruktur ab? Booten die „harten" Kriterien der Ökonomie nicht die „weichen" personaler Eigenart klar als Karriereinstanzen aus? Gewiss, niemand wird den Einfluss wirtschaftlicher Randbedingungen zur Zweitrangigkeit klein reden können. Dennoch berechtigt eine Vielzahl von Befunden zu dem Fazit, die Persönlichkeit des Gründers spiele beim Schritt in die Selbstständigkeit und bei der Behauptung im Geschäftsleben sehr wohl eine Rolle (vgl. Miner 1997; Brandstätter 1997 und 1999; Kieschke 2002). Der zweite Abschnitt wird das tiefenschärfer ausleuchten.

5.2   Persönlichkeit und unternehmerisches Handeln

Mit der Themenvorgabe bewegen wir uns im sprichwörtlichen „weiten Feld". Die folgenden Bemerkungen sollen eine erste Orientierungshilfe bieten. Das Übersichtsschema in Abbildung 1 steckt den Rahmen der Diskussion ab.

Der Entschluss, das Wagnis einer Firmengründung einzugehen, wurzelt wesentlich in persönlichen Motiven und Kompetenzüberzeugungen. Wer Verantwortungslast scheut oder beruflich wenig ehrgeizig ist, freundet sich mit dem Karriereplan „Unternehmensaufbau" wahrscheinlich kaum an. Mangelt es zudem an Zutrauen in eigene Befähigungen, dürfte das Vorhaben über vage Gedankenspiele schwerlich hinaus reifen. Und natürlich verlangt ein derartiges Projekt Mut zum Risiko. Jemand, der starkem Sicherheitsdenken verhaftet bleibt, wird die an Unwägbarkeiten reiche Option eher meiden. Statistiken übrigens erhärten den Verdacht, schwieriges

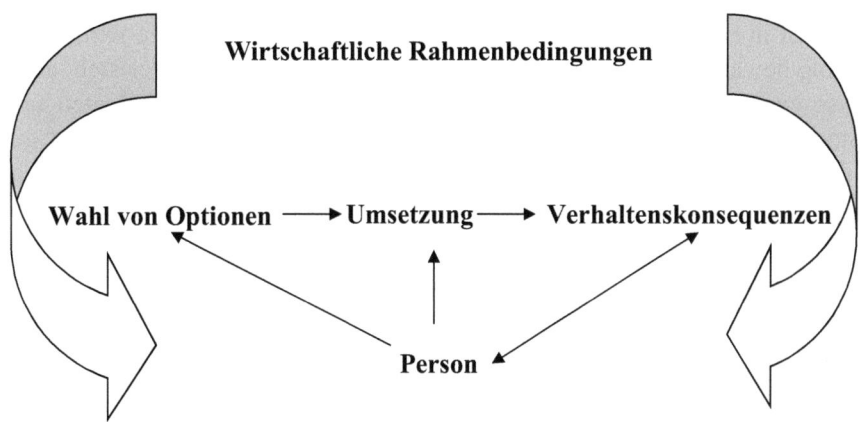

Abbildung 1.   Persönlichkeit und unternehmerisches Handeln. Allgemeines
Übersichtsschema

Terrain vor sich haben: Fast die Hälfte aller Neugründungen scheitert binnen
der ersten fünf Jahre (vgl. Moser et al. 1999, S.6). Gute Geschäftsideen
und bewilligte Darlehen eben sorgen keineswegs automatisch für Positiv-
bilanzen.

Persönlichkeitsunterschiede haben Einfluss auch auf die Umsetzung des
Gründungsprojektes. Über die Vielfalt der Branchen, Business-Pläne und
Standortfaktoren hinweg kann man Anforderungen herausarbeiten, denen
nahezu jeder Existenzgründer begegnen wird (geschäftliche Selbstpräsentation; aktive Kundenakquise; evt. die Übernahme von Führungsaufgaben
im Team etc.). Von Belang ist da zweifellos, mit welchen personalen Ressourcen und Talenten jene Kernaufgaben angepackt werden. Ob sich der
Aspirant von Widrigkeiten schnell einschüchtern lässt oder ihnen beharr-
lich trotzt, ob er ein Netzwerk an formellen und informellen Kontakten zu
knüpfen versteht oder sich einzelgängerisch abkapselt – Auswirkungen für
das Vorhaben „Unternehmensaufbau" zeitigt das allemal! Und schließlich:
Wie der Gründer mit den Folgen seiner Initiative zu Rande kommt, ist sehr
wohl von individuellen Besonderheiten abhängig. Wir wollen das am un-
erwünschten Ergebnisfall veranschaulichen. Missglückt der Versuch, ge-
schäftlich Tritt zu fassen, rückt die Frage auf die Tagesordnung, ob man
Anstrengungen verlustreich fort- oder vernünftigerweise aussetzen sollte.
Unrealistische Zuversicht, das Blatt werde sich schon wenden, wird zwar
die Unternehmensprobleme nicht beseitigen, dafür aber die Schuldensitua-
tion unnütz zuspitzen (vgl. Brockner 1992; Bobocel und Meyer 1994).

Hier ist in der Tat ein zentraler Erfahrungsaspekt berührt: Wie wird Misserfolg bewältigt? Es muss ja nicht der auf ganzer Linie sein. Feststeht aber, dass gerade in Projektanlaufphasen eine Fülle von Schwierigkeiten und Stockungen zu gewärtigen bleibt. Studien lieferten nun Hinweise auf geschlechtsspezifische Unterschiede im Umgang mit Rückschlägen (vgl. Galais 1999). Frauen neigen oft zu ungünstigeren Zuschreibungsmustern. Deutlicher als Männer lasten sie Misslungenes eigener Verantwortung an, Gründe für Erfolg hingegen werden stärker in externen Umständen („Gunst der Stunde") gesucht (vgl. Brandstätter 1997). Eine empirisch gut bestätigte Trendaussage lautet: Frauen münzen Kritik bereitwilliger auf die eigene Person; Männer blocken Selbstzweifel hartnäckiger ab (vgl. Roberts 1991). Man hat das u.a. in Verbindung mit dem nachweislich größeren Depressionsrisiko für Frauen gebracht (vgl. Ruble et al. 1993). Damit ist ein „Rechnungsposten" angesprochen, den die Debatte um die Unternehmerpersönlichkeit gern ausklammert: *gesundheitliche* Folgekosten der Laufbahnentscheidung. Um diese genauer abschätzen zu können, muss klarer das *Wie* der Auseinandersetzung mit Arbeitsaufgaben zum Forschungsgegenstand werden. Es gilt hier zu beachten, was bereits der römische Dichter Terenz unterstreicht: Wenn zwei das gleiche tun, muss das nicht zwangsläufig dasselbe bedeuten. Das Arbeitspensum, das der eine gelassen schultert, erschöpft derweil die Möglichkeiten eines anderen; was die eine Person problemlos an Hektik und Belastung verkraftet, wirft den weniger robusten Akteur aus der Bahn. Daraus erhellt zuletzt auch, dass die Beschäftigung mit dem Thema „Gesundheit" mehr meint als nur ein Auszählen von Symptomhäufigkeiten. Die Kriterien „Handlungsfähigkeit im Beruf" und „Gesundheit" sind nicht voneinander isoliert zu sehen. Zwischen ihnen in einer empirischen Erhebung eine Daten-Brücke zu schlagen, war das Anliegen einer Potsdamer Studie zu personalen Merkmalen unternehmerischer Tätigkeit. Wir wollen im weiteren zentrale Ergebnisse der Befragung vorstellen. Der Fokus wird auf geschlechtsvergleichenden Aussagen liegen. Zunächst seien aber noch ein paar Bemerkungen zur Art unseres diagnostischen Herangehens vorausgeschickt.

5.3 Diagnostische Zugänge

Zwei Fragebogenverfahren bildeten den Kern der Erhebungsmaterialien: das Messinventar AVEM (*A*rbeitsbezogenes *V*erhaltens- und *E*rlebens*m*uster, Schaarschmidt und Fischer 1996) und die Checkliste für Existenzgründer (Schaarschmidt et al. 2000). Wir werden den Leser/ die Leserin in beide

Instrumente kurz einführen. Zuerst zum AVEM. Mit dem Diagnostikum werden Selbstauskünfte zu drei großen Beschreibungsdomänen erhoben: Engagement, Bewältigungskapazität (individuelle Widerstandsfähigkeit) und Lebensgefühl. Der Bogen gestattet neben einer Auswertung auf Einzelskalenebene die Zuordnung der Probanden zu clusteranalytisch gewonnenen Typen[1]. Letzteres trägt der Tatsache Rechnung, dass Personen sich nicht nur nach Stärkegraden einzelner Eigenschaften, also quantitativ, sondern auch nach der jeweils besonderen *Kombination* von Eigenschaftsausprägungen, also qualitativ, unterscheiden. Vier Muster werden gegeneinander abgegrenzt (vgl. Abbildung 2). Die Gruppeneinteilung sei jetzt unter Gesundheitsaspekten näher erörtert.

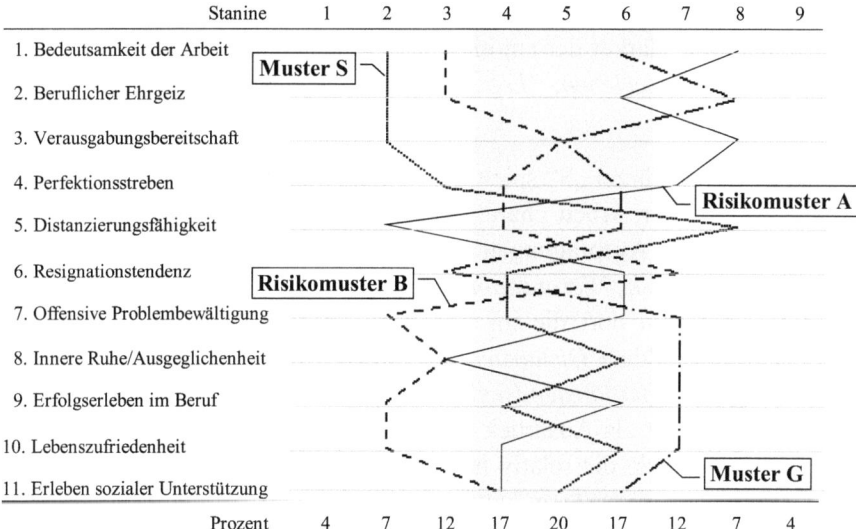

Abbildung 2.   Unterscheidung nach 4 Mustern arbeitsbezogenen Verhaltens und Erlebens. Folgende Merkmalskomplexe werden diagnostisch genutzt: Berufsengagement (Skalen 1-5); Widerstandsfähigkeit (Skalen 6-8); Lebensgefühl (Skalen 9-11). Die Darstellung bezieht sich auf die Stanine-Skala, die von 1–9 reicht und deren Mittelwert 5 beträgt. Aus der unteren Zeile ist zu ersehen, mit welcher prozentualen Häufigkeit die jeweiligen Skalenwerte vorkommen

---

[1]   Über das statistische Verfahren der Diskriminanzanalyse ist es möglich, die Ähnlichkeit zwischen Individual- und Referenzprofilen zu bestimmen. Abzuleiten sind so Wahrscheinlichkeitsaussagen über die Musterzugehörigkeit des jeweiligen Probanden (vgl. Schaarschmidt und Fischer, 2001).

Muster G: Das Signum „G" ist Abkürzung für Gesundheit. Deutliche, doch nicht maximale Ausprägungen sind in den Dimensionen zu verbuchen, die den Umfang des Arbeitsengagements beschreiben. Die Stärke des *beruflichen Ehrgeizes* sticht besonders hervor. Die Werte in den Skalen *Subjektive Bedeutsamkeit der Arbeit* und *Verausgabungsbereitschaft* fallen moderater aus. Trotz klaren Leistungswillens ist gute *Distanzierungsfähigkeit* zu attestieren; die Probanden wissen also in der Freizeit von Berufssorgen ohne weiteres abzuschalten. Auch in den Dimensionen, die das Ausmaß an Widerstandsfähigkeit spiegeln, pegeln sich die Ergebnisse günstig ein. Das betrifft die geringste Ausprägung in *Resignationstendenz* ebenso wie die im Gruppenvergleich beide Male stärkste in *Offensiver Problembewältigung* und *Innerer Ruhe und Ausgeglichenheit.* Bündig vervollständigt wird das Bild durch die jeweils höchsten Scores in den Dimensionen, die Marker der emotionalen Lage sind, d. h. in den Skalen *Berufliches Erfolgserleben, Lebenszufriedenheit* und *Erleben sozialer Unterstützung.*

Muster S: Das Kürzel „S" spielt auf *S*chonhaltung an, die in diesem Falle das Verhältnis zur Arbeit charakterisiert. Zu beobachten sind weit unterdurchschnittliche Ausprägungen in den Skalen *Bedeutsamkeit der Arbeit, Beruflicher Ehrgeiz, Verausgabungsbereitschaft* und *Perfektionsstreben.* Stimmig fügt sich dort die im Vergleich zu allen anderen Mustern am stärksten ausgebildete *Distanzierungsfähigkeit* ein. Markant des weiteren die niedrige *Resignationstendenz.* Sie weist darauf hin, dass das verringerte Engagement nicht als Ausdruck schwacher Widerstandsressourcen zu betrachten ist. Gerade die relativ hohen Scores *für Innere Ruhe und Ausgeglichenheit, Lebenszufriedenheit* und das *Erleben sozialer Unterstützung* lassen denn auf ein eher positives Selbstgefühl schließen. Quellen für die relative Zufriedenheit der Mustervertreter dürften freilich vorwiegend außerhalb der Arbeit zu orten sein.

Risikomuster A: Die Spezifik des Musters erwächst aus einer hochgradigen Berufsinvolviertheit oder – elementarer – aus einem sehr strengen Arbeitsethos. Auf Skalenaussagen umgebrochen: Die Scores für *Bedeutsamkeit der Arbeit, Verausgabungsbereitschaft* und *Perfektionsstreben* überragen die aller anderen Typen. Bemerkenswert ist aber vor allem der weit unterdurchschnittliche Wert in der *Distanzierungsfähigkeit.* Er signalisiert, dass es den Personen dieses Profils kaum gelingt, für Abstand zu den Problemen von Arbeit und Beruf zu sorgen. Bedenklich muss stimmen, dass das außerordentlich starke Engagement mit verminderter

Widerstandsfähigkeit gegenüber Belastungen verknüpft ist. Ersichtlich wird das aus der geringen Ausprägung in der Skala *Innere Ruhe und Ausgeglichenheit* und dem relativ hohen Wert für *Resignationstendenz*. Überdies ist es von eher negativen Emotionen begleitet. Die relativ geringen Werte in *Lebenszufriedenheit* und im *Erleben sozialer Unterstützung* zeichnen den Trend vor. Insgesamt erhält das Bild also dadurch Kontur, dass sich nach Urteil der Betroffenen vermehrte Anstrengung in subjektiven Erfolgsbilanzen keineswegs auszahlt. All das läuft im Grunde auf den Widerspruch zu, den Siegrist (1991) als „Gratifikationskrise" problematisiert. Deren Kern ist die Kombination von großem Arbeitseinsatz und ausbleibendem Erleben von Anerkennung – ein Muster, das u.a. das Risiko problematischer Veränderungen im Herz-Kreislauf-System zu erhöhen scheint.

Mit dem Label „Risikomuster A" nehmen die Testautoren Bezug auf das vieldebattierte Typ-A-Verhaltenskonzept. Jene Theorie stellt in ihrer ursprünglichen Fassung (Friedman und Rosenman 1974) eine Verbindung zwischen koronarer Herzerkrankung und einem Verhaltensstil her, der durch starken Ehrgeiz, aggressives Konkurrenzdenken und Ruhelosigkeit den Handlungsdruck bis zur Selbstüberforderung verschärft. In den letzten Jahren mehren sich jedoch kritische Stimmen gegen eine allzu einseitige Beschreibung von Verhaltensbesonderheiten infarktgefährdeter Personen (vgl. Schröder 1992; Myrtek 1995). Neuere Befunde untermauern, dass ein „Workaholic-Profil" für sich allein noch keine krankmachende Wirkung entfalten muss (vgl. Richter, Hille und Rudolf 1999; Gallo und Smith 1999). Das maßgebliche „pathogene Wirkelement" ist demnach eher in der Kopplung des geschilderten Verhaltensmusters mit negativen Gefühlen zu vermuten (etwa Feindseligkeit, vgl. Mittag 1999). Solche Persönlichkeitsakzentuierungen haben nach Auffassung mancher Autoren nicht nur Vorhersagewert für Herz-Kreislauf-Probleme; auch andere pathogene Effekte sind im Gespräch (z.B. Verschlechterungen der körpereigenen Immunkompetenz, vgl. Schwenkmezger 1994).

Risikomuster B: Zum Bild des Risikomusters B gehören zunächst geringe Ausprägungen in den Dimensionen des Arbeitsengagements (speziell in den Skalen *Subjektive Bedeutsamkeit der Arbeit* und *Beruflicher Ehrgeiz*). Darin gleicht das Muster der S-Konstellation. Das verminderte Engagement geht jedoch nicht mit erhöhter, sondern mit eingeschränkter Distanzierungsfähigkeit einher. Auch alle weiteren Merkmale tendieren im Vergleich zu Muster S überwiegend auf gegensätzliche Ausprägungen. Für den Bereich der Widerstandsfähigkeit bleiben mit der höchsten *Resignationstendenz*, dem Defizit in *Offensiver Problembewältigung* sowie dem niedrigsten Score für *Innere Ruhe und Ausgeglichenheit* besonders kritische Werte zu berichten. Als ebenso problematisch sind die durchweg schwächsten Ausprägungen in den Dimensionen einzustufen, die das Ausmaß von Zufriedenheit und Wohlbefinden wiedergeben, d. h. im *Beruflichen Erfolgserleben*, der *Lebenszufriedenheit* und dem *Erleben sozialer Unterstützung*. Motivationseinbußen, Mangel an psychischen Widerstandsressourcen und negative Emotionen reichern sich hier zum massiven Erleben von persönlicher Beeinträchtigung an. Das erinnert stark an den Merkmalskomplex, der seit Freudenberger (1974) unter der Diagnose Burnout-Syndrom gefasst wird (vgl. Maslach 1982; Rook 1998). Um diese konzeptuelle Anlehnung deutlich zu machen, haben Schaarschmidt und Fischer (1996) für den beschriebenen AVEM-Typus das Label „Risikomuster B" – B wie Burnout – gewählt.

Eine ganze Reihe von Studien belegt, dass die Gruppenunterteilung tatsächlich als Referenzsystem für trennscharfe Aussage zum Gesundheitsstatus geeignet ist (Kriterien waren psychisches und körperliches Befinden, Erholungsfähigkeit, Krankentage, physiologische Parameter etc.). Für Muster G sind ausnahmslos die günstigsten und für die Risikomuster A und B eher ungünstige Werte zu verzeichnen (wobei zwischen den beiden Risikogruppen nochmals qualitative und quantitative Unterschiede der Beanspruchung deutlich werden; vgl. Schaarschmidt und Fischer 2001; Kieschke 2002).

Neben dem AVEM kam ein Verfahren zum Einsatz, das auf die Besonderheiten der Berufsgruppe regelrecht maßgeschneidert wurde: die Checkliste für Existenzgründer (Schaarschmidt et al. 2000). Der Fragebogen erlaubt die Selbstbeurteilung in Merkmalsdimensionen, die für jene Laufbahnentscheidung von besonderer Relevanz sind. Es handelt sich dabei um die folgenden Bereiche (vgl. Tabelle 1).

Ein Interviewteil rundete das Erhebungsmaterial ab. Er enthielt verschiedene Module: Erfasst wurden biographische Angaben (Alter, Ausbildungsgang, Branchenerfahrung etc.), Gründungsmotive, Wichtigkeitsurteile bezüglich einzelner Eignungskriterien sowie Kennwerte zur ökonomischen Situation des Unternehmens (Umsatz; Investitionsvolumina; Ertragslage).

Tabelle 1.   Übersicht zu den Skalen der Existenzgründer-Checkliste

---

Dimensionen mit Itembeispiel

Lernbereitschaft

Beispiel: Es macht mir Freude, alle sich bietenden Möglichkeiten zur Weiterbildung zu nutzen.

Flexibilität/ Veränderungsbereitschaft

Beispiel: Ein Leben voller Veränderungen gefällt mir.

Risiko- und Entscheidungsbereitschaft

Beispiel: Ich glaube, dass ich risikofreudiger als andere Leute bin.

Beharrlichkeit in der Zielverfolgung

Beispiel: Selbst nach einem Fehlschlag kann ich mich neu motivieren.

Realistische und selbstkritische Haltung

Beispiel: Auch wenn es weh tut, kann ich eigene Fehler eingestehen.

Selbstvertrauen/ Zuversicht

Beispiel: Ich bin zuversichtlich, dass ich dem zu erwartenden Leistungsdruck auch auf Dauer standhalten kann.

Präsentationsfähigkeit

Beispiel: Als Redner kann ich locker und witzig sein.

Kommunikations- und Kontaktbereitschaft

Beispiel: Es gefällt mir, immer wieder neuen Leuten zu begegnen.

Führungskompetenz/ Führungsbereitschaft

Beispiel Mir macht es Freude, andere anzuleiten.

Durchsetzungsfähigkeit

Beispiel: Ich stehe auch eine harte Konfrontation ohne Probleme durch.

Erleben sozialer Unterstützung

Beispiel: Mein privates Umfeld gibt mir innere Sicherheit für die beruflichen Aufgaben.

Psychische Stabilität

Beispiel: Es muss schon Schlimmes passieren, bevor ich Ruhe und Beherrschung verliere.

Anstrengungs- und Entbehrungsbereitschaft

Beispiel: Es ist für mich natürlich, dass ich mehr als die meisten meiner Bekannten arbeite.

Gesundheitsvorsorge/ Erholungsbereitschaft

Beispiel: Ich verschaffe mir ausreichend viel Bewegung und sportlichen Ausgleich.

5.4 Stichprobenbeschreibung

Die erste Erhebung fand im dritten Quartal 2000 statt. Unsere Auswertungen stützen sich hier auf Daten von 632 Gründern und Gründerinnen; die Ergebnisse dieser Querschnittstudie werden im Mittelpunkt unserer Betrachtungen stehen. Die Tabellen 2 und 3 informieren über die Stichprobenzusammensetzung. Ein Vergleich der demographischen Angaben für die Befragten aus alten und neuen Bundesländern fördert keine gravierenden Unterschiede zutage: Der Frauenanteil in beiden Gruppen liegt um 30%, die Altersstaffelungen sind nahezu identisch, lediglich der Akademikerprozentsatz bei den ostdeutschen Probanden ist höher.

Tabelle 2.   Beschreibung der Querschnittstichprobe 2000

	Gesamtstichprobe	Neue Länder (inkl. Berlin)*	Alte Länder*
N	632 (100%)	137 (21.7%)	470 (74.3%)
Frauenanteil in%	29.6	33.3	29.0
Durchschnittsalter	36.8	36.3	36.8
Altersrange	21 – 59	21 – 59	23 – 57
Akademikeranteil in%	45.3	53.7	43.1

*25 Vpn (4.0% der Gesamtstichprobe) haben keine Angaben zum Firmenstandort gemacht.

Geschlechtsspezifika schälen sich bezüglich der Branchenverteilung heraus (vgl. Abbildung 3). Der Sektor „Handwerk, Produktion" ist bei Männern stark überrepräsentiert. Die befragten Gründerinnen hingegen siedelten sich noch am ehesten in den Sparten „Gesundheit, Rehabilitation, Therapie" und „Erziehung, Bildung, Forschung" an.

Branchenspezifik begrenzt natürlich Wirtschaftspotentiale. Zum Beispiel wird der Umsatz in Produktionsbetrieben im Schnitt höher sein als der in Physiotherapie-Praxen; die Wachstumsmöglichkeiten gehorchen da einfach unterschiedlichen Restriktionen. Es wundert deshalb kaum, dass Gründer in unserer Stichprobe größere Jahresumsätze und Investitionsvolumina zu Protokoll geben als Gründerinnen. Aussagekräftig ist da noch ein anderer Wert: Männliche Chefs beschäftigen durchschnittlich 8 Vollzeitmitarbeiter, weibliche 5 (das ist ein statistisch signifikanter Unterschied).

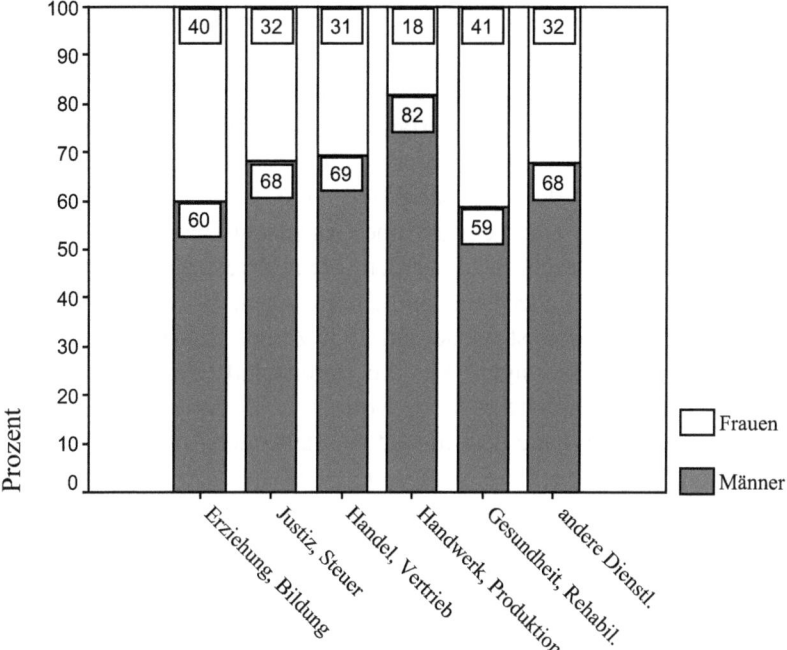

Abbildung 3. Geschlechtsverteilung über die Branchen

Kodiert man aber die Angaben zur gegenwärtigen Ertragslage (Geschäfts-bilanz 1999) in eine dichotome Variable um (Gewinner vs. Verlierer), stößt man auf ausgeglichenere Verhältnisse: Die Häufigkeitsunterschiede zwischen den Kategorien haben keinen Geschlechtsbezug. Wird die Ana-lyse verfeinert, offenbaren sich freilich Differenzen im Gewinn- *und* im Verlustspektrum: Die Gruppe derer, die Gewinne über 300 000 DM ein-fahren, wird genau wie die Gruppe derer, die besonders hohe Verluste er-leiden (Verluste über 100 000 DM), von Männern dominiert (das ist indes durch die Unterschiede in den Firmengrößen erklärlich, siehe oben).

Die Studie ist mittlerweile zu einem Längsschnittprojekt erweitert worden. Für die Nachuntersuchung im ersten Quartal des Jahres 2002 konnten 225 Personen aus der Ursprungsstichprobe gewonnen werden. Die Ausdün-nung der Stichprobe um 64.4% der Erstbefragungsteilnehmer mutet zu-nächst recht dramatisch an, ist in längsschnittlichen Forschungsprojekten mit einer solch breiten Rekrutierungsbasis aber keineswegs ungewöhnlich. Trotzdem hat man sich natürlich genauer zu vergewissern, ob dem Stich-probenschwund eine Systematik innewohnt. Ein derartiger „Ausleseeffekt" würde die Verallgemeinerbarkeit der Längsschnittresultate einschränken. Wir haben deshalb geprüft, ob sich die Gründer, für die keine Retest-Scores verfügbar sind, von den Probanden unterscheiden, die zu beiden Zeitpunkten das Fragebogenmaterial ausgefüllt haben. Bezugspunkt für die folgenden Angaben ist also ein Vergleich zwischen den Ersterhebungsdaten der einmalig und der zweimalig Befragten. Die wichtigsten Ergebnisse der Analyse seien kurz aufgelistet. Eine Geschlechtsspezifik im Stichproben-Drop-out kann ausgeschlossen werden. Dem Zweiterhebungsanliegen war bei Gründern und Gründerinnen ähnliche Resonanz beschieden (der Frauenanteil in der Stichprobe ist wieder auf 29 % zu beziffern). Alterseffekte sind ebenfalls zu vernachlässigen. Für die Bereitschaft zur Teilnahme an der Zweituntersuchung spielte es keine Rolle, wie alt der oder die Betreffende war. Genauso wenig hatte der Ausbildungsstatus der Angeschriebenen einen Einfluss auf die Wiederbeteiligungsquote: Akademiker und Nichtakademiker haben in etwa gleichhäufig die ausgefüllten Nacherhebungsbögen zurückgeschickt. Durchaus überraschend: Wie ein Unternehmen im Jahr der Erstbefragung wirtschaftlich abschnitt, war ohne Belang für die Bereitschaft, neuerlich an unserer Erhebung mitzuwirken. Selbst Gründer mit weniger guten Bilanzzahlen traten unserem Anliegen aufgeschlossen gegenüber. Erwähnenswert ist weiterhin, dass an die Branchenzugehörigkeit keine kritischen Abweichungen im Fragebogenrücklauf geknüpft waren. Ein Gruppenunterschied konnte dennoch nachgewiesen werden. Die Wiederbeteiligungsquote schwankt in Abhängigkeit von der Erhebungsregion. Gründer aus den alten Bundesländern sind in der Längsschnittstichprobe leicht in der Überzahl. Alles in allem aber kann die Längsschnittstichprobe als repräsentativ für die Befragten aus der Erhebungswelle 2000 angesehen werden.

5.5   Ergebnisse

Wir wollen uns eingehender zunächst zu den Befunden aus der Querschnitterhebung 2000 (N=632) äußern. Abbildung 4 zeigt die AVEM-Muster-Verteilung. Der Prozentsatz des G-Typus überwiegt klar. Das mag bereits als Beleg für den vermuteten Selbstselektionsprozess zu werten sein. Wer nur mit geringem Arbeitseifer bei der Sache ist und Ziele fürs berufliche Fortkommen niedrig steckt, gar an den eigenen Kompetenzen zweifelt, wird die Laufbahnoption „Geschäftsgründung" kaum ernsthaft erwägen. Zum zweiten häufen sich in der untersuchten Gruppe Personen mit A-Muster-Tendenz. Das lenkt Aufmerksamkeit auf eine gesundheitlich prekäre Situation. Weite Verbreitung hat offensichtlich der Hang zu massiver

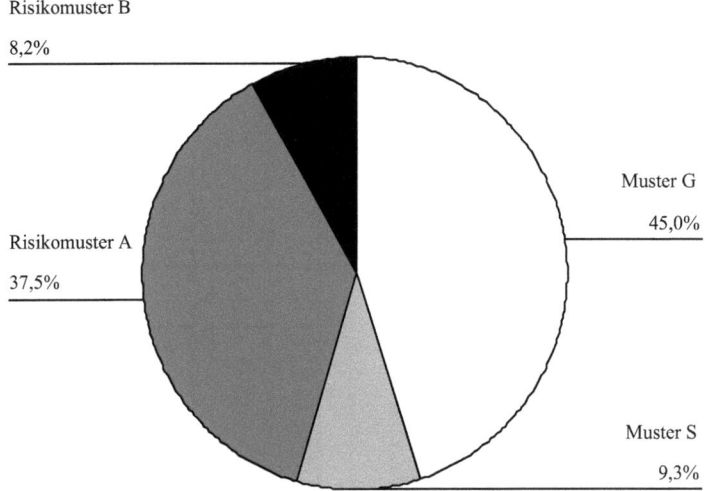

Abbildung 4.   AVEM-Muster-Verteilung in der Gesamtstichprobe 2000 (N=632)

Selbstausbeutung. Natürlich, angehende Geschäftsmänner und -frauen werden die Herausforderungen der Startphase schwerlich meistern können, wenn der geregelte Acht-Stunden-Tag das Maß der planerischen Dinge bleibt. Jedoch sei eine Besonderheit des A-Profils in Erinnerung gerufen. In ihm paart sich überschießendes Engagement ja gerade mit mangelhafter Erholungsbereitschaft. Schnell geschieht es dann, dass Kräfteeinsatz zu hoch dosiert wird, ohne dass persönliche „Energiereserven" rechtzeitig erneuert wurden. Auf lange Sicht kann sich das rächen. Steuert der Betroffene nicht gegen, ufert Anforderungsmanagement bald zur Managementüberforderung aus.

Schlüsselt man die Musterverteilung geschlechtsbezogen auf, verschiebt sich das Bild kaum: Der geschilderte Trend gilt für Männer *und* Frauen (vgl. Abbildung 5). Das war in anderen Berufssparten nicht so. Eine deutliche Geschlechtsspezifik in der Häufigkeit der Merkmalsprofile konnte z.B. für Lehrerstichproben herausgefiltert werden. Der Anteil der Risikomuster (insbesondere die Verbreitung des B-Typus) überstieg dort für Frauen das bei Männern gegebene Ausmaß um einiges. Männlichen Kollegen war denn auch öfter Zugehörigkeit zum G-Muster zu bescheinigen (vgl. Schaarschmidt, Kieschke und Fischer 1999).

Um den Auflösungsgrad der Diskussion weiter zu erhöhen, wollen wir den Schwerpunkt der Betrachtung von der Ebene der Musterverteilung auf die

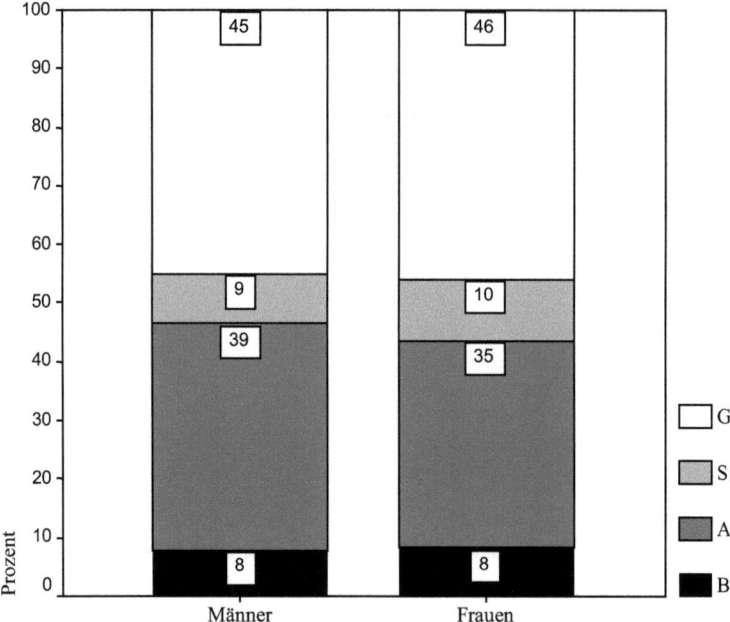

Abbildung 5.   AVEM-Muster-Verteilung im Geschlechtsvergleich

der Einzelskalen des AVEM verlagern. Dass sich dies tatsächlich als Informationszugewinn auszahlt, ergibt Abbildung 6. Männer und Frauen werden hier in den elf Einzeldimensionen des AVEM verglichen. Drei Differenzen genügen dem statistischen Signifikanzkriterium. Demnach verfügen Frauen über eine stärkere Distanzierungsfähigkeit, sind also eher als Männer in der Lage, eine klare Trennlinie zwischen Beruf und Freizeit zu ziehen. Wir haben das schon als wichtiges Moment des Erholungsverhaltens (und damit langfristig der Gesundheitsvorsorge) gewürdigt. Zuungunsten der Frauen fällt der Vergleich im Merkmal „Resignationstendenz" aus: Gründerinnen lassen sich schneller durch Rückschläge entmutigen als ihre männlichen Mitbewerber. Das passt in das Bild, das wir im zweiten Abschnitt bezüglich einer Geschlechtsspezifik in Feedback-Verarbeitungsstilen gezeichnet haben. Frauen stechen von den befragten Männern zudem im Bereich „Erleben sozialer Unterstützung" ab. Gründerinnen schätzen ihren Rückhalt in Familie und Bekanntenkreis als wesentlich höher ein. Unter Gesundheitsaspekt ist das ein klarer Vorteil. Die neuere Forschung misst dem Wissen um die Verfügbarkeit solcher Hilfepotentiale den Wert eines „psychischen Präventivschutzes" zu. Ganz direkt bündelt die Selbstzuschreibung von Geborgenheitsgefühlen Hinweise auf positive Erfahrungen im kommunikativen Austausch, Wohlbefinden und somit letztlich auf seelische Gesundheit (Schwarzer und Leppin 1989; Sarason et al. 1990).

Der Vergleich über die Skalen der Existenzgründer-Checkliste erlaubt weitere Differenzierungen (vgl. Abbildung 7). Männer punkten höher im Faktor Risikobereitschaft, berichten über ein stärkeres Selbstvertrauen und stufen ihre Durchsetzungs- bzw. Anstrengungsbereitschaft als ausgeprägter ein. Frauen überflügeln männliche Probanden in der Selbstzuschreibung kommunikativer Fähigkeit – einer Kernkompetenz für den Aufbau sozialer Netzwerke auch im Geschäftlichen. Dazu kontrastiert, dass Männer dennoch meinen, ihre Angebote besser an den Kunden bringen, also die überzeugendere Selbstpräsentation leisten zu können. Eine plausible Erklärungs-

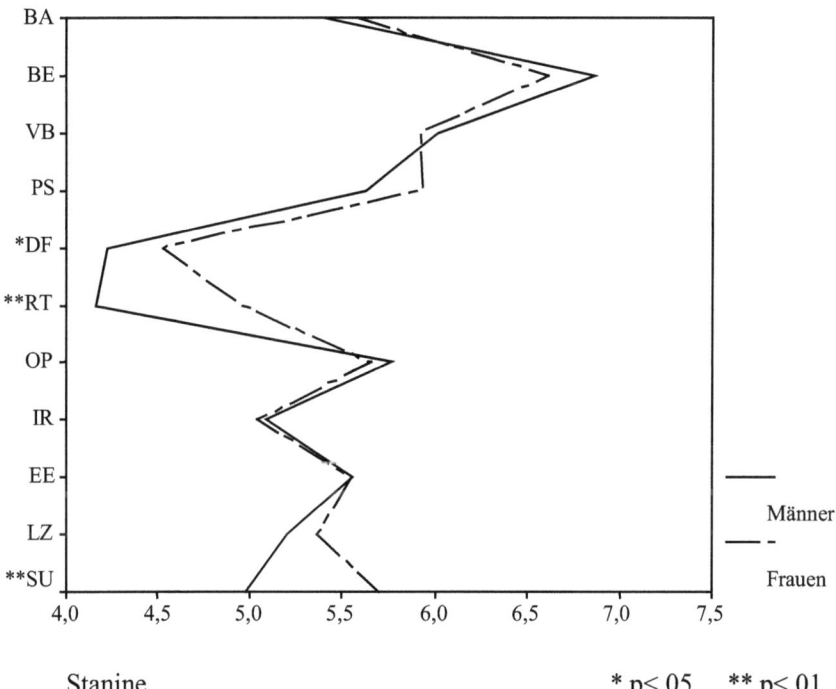

Abbildung 6.   AVEM-Skalen im Geschlechtsvergleich

Legende: BA – Bedeutsamkeit der Arbeit, BE – Beruflicher Ehrgeiz, VB – Verausgabungsbereitschaft, PS – Perfektionsstreben, DF – Distanzierungsfähigkeit, RT – Resignationstendenz, OP – Offensive Problembewältigung, IR – Innere Ruhe und Ausgeglichenheit, EE – Erfolgserleben im Beruf, LZ – Lebenszufriedenheit, SU – Erleben sozialer Unterstützung

hypothese scheint schnell bei der Hand zu sein: Eventuell sind jene Unterschiede ja schlicht der selbstkritischeren Haltung weiblicher Befragter geschuldet. Der höhere Wert für Frauen in der betreffenden Skala scheint darauf hinzudeuten. Jedoch ist der Gruppenkontrast schwach (er bleibt oberhalb der statistischen Signifikanzgrenze!); auch kovarianzanalytische Auswertungen bestätigen unsere Annahme nicht. Die obige Vermutung muss also nach Datenlage verworfen werden. Einfache Erklärungen sind hier offenbar nicht zu haben.

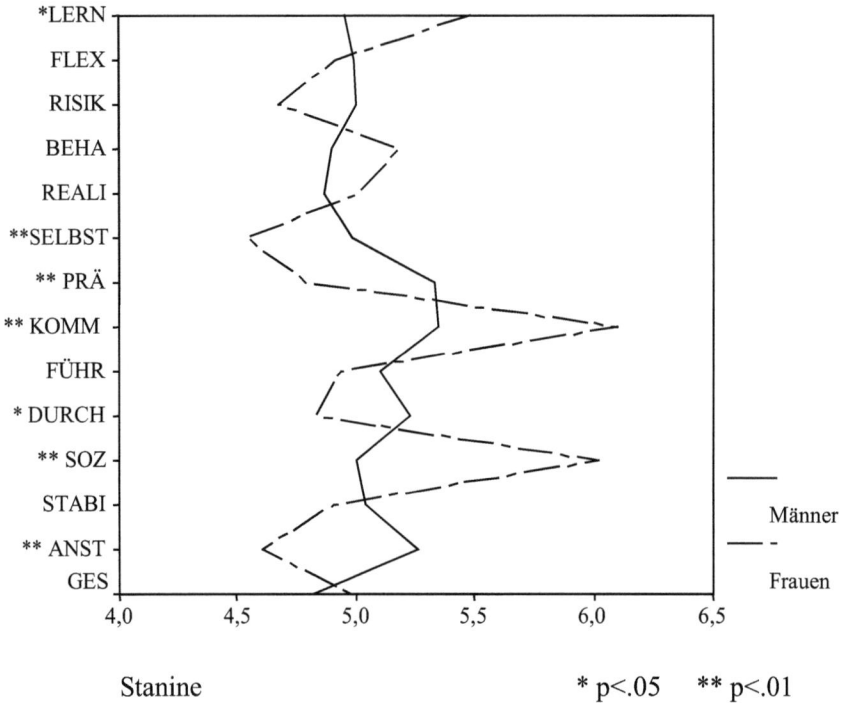

Abbildung 7.   Checklisten-Dimensionen im Geschlechtsvergleich

Legende: LERN – Lernbereitschaft, FLEX – Flexibilität/ Veränderungsbereitschaft, RISIK – Risiko- und Entscheidungsbereitschaft, BEHA – Beharrlichkeit in der Zielverfolgung, REALI – Realistische und selbstkritische Haltung, SELBST – Selbstvertrauen/ Zuversicht, PRÄ – Präsentationsfähigkeit, KOMM – Kommunikations- und Kontaktbereitschaft, FÜHR – Führungskompetenz/ Führungsbereitschaft, DURCH – Durchsetzungsfähigkeit, SOZ – Erleben sozialer Unterstützung, STABI – Psychische Stabilität, ANST – Anstrengungs- und Entbehrungsbereitschaft, GES – Gesundheitsvorsorge/ Erholungsbereitschaft

Frauen übrigens schneiden besser ab, wenn es die eigene Lernbereitschaft zu beurteilen gilt. Sie bekräftigen klarer als Männer, der Einarbeitung in neue Sachgebiete ein Mehr an Vorbereitungsaufwand widmen zu wollen. Aufschlussreich sind auch die in Abbildung 8 zusammengefassten Resultate. Die Graphik fußt auf Urteilen zur Relevanz einzelner Persönlichkeitszüge für das Bild des fähigen Existenzgründers. Abgefordert war keine Einschätzung, wie es damit bei einem selbst bestellt sei (das war ja anhand der Checkliste erkundet worden), sondern wie man den Wert jener Attribute für den Geschäftserfolg veranschlagen würde. Die Antworten der Frauen markieren durchweg ein höheres Anspruchsniveau; die Maßstäbe, die von ihnen an die Gründerpersönlichkeit angelegt werden, sind erkennbar strengere. Indirekt festigt das den Eindruck, dass Frauen mit sich härter ins Gericht gehen. Die Erhöhung des Erwartungsdrucks muss nicht einmal durch externe Einflussnahme zustande gekommen sein; der Behauptungswille der künftigen Unternehmerinnen selbst mag die Verschärfung bewirkt haben. Der größte Unterschied zwischen den befragten Gründern und Gründerinnen klafft im Merkmal „Erleben sozialer Unterstützung": Frauen räumen diesem Faktor weit stärkeres Gewicht ein. Wie wir sahen, entspricht das einem Abweichungsmuster in der tatsächlichen Selbstbeurteilung.

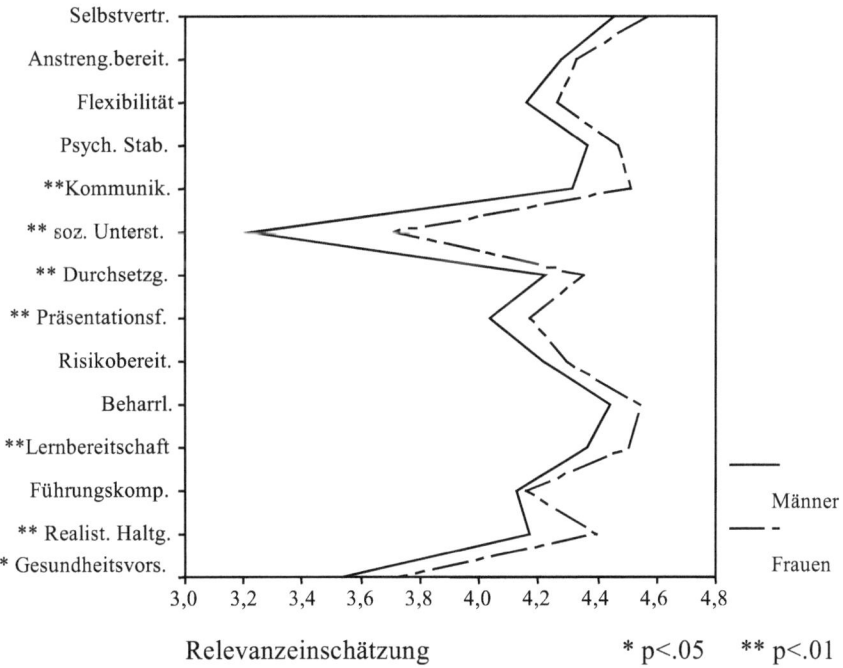

Abbildung 8.   Ansprüche an die Gründerpersönlichkeit im Geschlechtsvergleich

Bemerkenswert überdies: Regionalbezüge färben in der Selbstbeurteilung der Gründerinnen nicht durch. Weder in den AVEM-Dimensionen noch in den Checklist-Skalen sind Unterschiede zwischen angehenden Geschäftsfrauen Ost und West aufzuspüren.

Große Ähnlichkeiten sind auch auszumachen, wenn man Motive für die Existenzgründung einzukreisen sucht (vgl. Abbildung 9). Beide Geschlechter nennen vorrangig die Chance zur Selbstverwirklichung; das Motiv „Vermeidung von Arbeitslosigkeit" taucht bei Frauen an vorletzter, bei Männern gar an letzter Stelle auf. Zwei signifikante Unterschiede springen dennoch ins Auge. Männern ist es wichtiger, durch den Schritt in die Selbstständigkeit Verdienstaussichten zu verbessern; Frauen wiederum betonen stärker den Wunsch nach sozialer Anerkennung.

Das Hauptaugenmerk ruhte bislang auf einer Gegenüberstellung männlicher und weiblicher Merkmalsprofile. Und in der Tat konnten hier einige Unterschiede herausgearbeitet werden: Die Akzente im Persönlichkeitsspektrum sind bei Gründerinnen punktuell anders verteilt als bei Gründern.

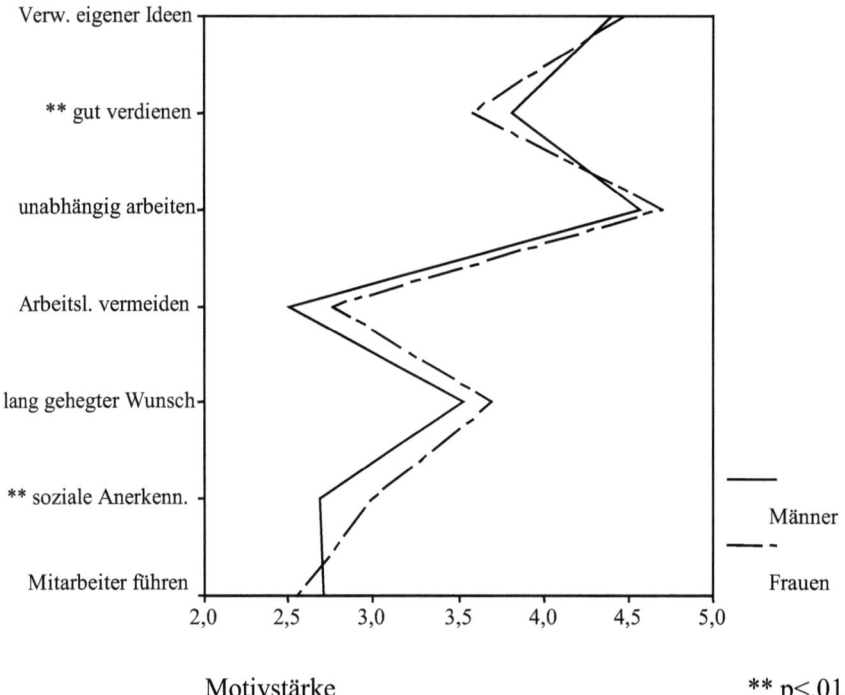

Abbildung 9.   Gründungsmotive im Geschlechtsvergleich

Das wirft die Frage auf, ob solche Unterschiedsinformationen auch Aussagewert für die Beschreibung geschäftlicher Entwicklungschancen haben. Schaut man sich allein ökonomische Bilanzdaten an, kann das klar verneint werden. Es wurde oben schon erwähnt (s. Abschnitt 4) – Männer haben das Geschäftsjahr 1999 nicht erfolgreicher beendet als die befragten Frauen; beide Gruppen dringen gleichhäufig in die Gewinnzone vor (jeweils ca. 68% der Interviewten haben eine positive Jahresbilanz erwirtschaftet). Wie ist es nun um die *subjektive* Einschätzung des Unternehmenserfolges bestellt? Objektiver Stand und persönliches Lageurteil können ja sehr wohl voneinander abweichen. Schließlich gibt es den Pessimisten, dessen negative Weltsicht durch keinen „objektiven Erfolg" gefährdet wird[2]; zum anderen begegnet man Optimisten, die kein Misserfolg eines Besseren (eigentlich Schlechteren) belehrt. Der Bilanzstatus eines Unternehmens spiegelt sich aber schon in Zufriedenheitsurteilen von Gründern. Wer „schwarze Zahlen" vorweisen kann, blickt zufriedener auf das vergangene Geschäftsjahr zurück als der Kollege, dessen Gewinnhoffnungen enttäuscht wurden. Das ist geschlechtsübergreifend so; der Faktor „Geschlecht" allein hat da also wenig Differenzierungswert (siehe Abbildung 10). Männer und Frauen unterscheiden sich in unserer Stichprobe statistisch weder nach Bilanzzahlen noch nach retrospektiven Zufriedenheitsurteilen.

Interessanterweise taugt die Angabe zum jetzigen Bilanzstatus für die Aufklärung von Unterschieden in der Erfolgs*zuversicht*, also in subjektiven Geschäfts*prognosen* wenig (die Maße „Bilanzauskunft" und „prospektive Erfolgsurteile" überschneiden sich faktisch nicht; die punktbiseriale Korrelation beträgt $r_{pbis}=.04$!). Sind Prognosen möglicherweise stärker geschlechtsabhängig als rückschauende Urteile? Und gewiss spielen hier auch Persönlichkeitsbesonderheiten hinein. Wir wollen ein Modell etwas genauer testen. In Regressionsanalysen entpuppte sich das Merkmal „Beharrlichkeit in der Zielverfolgung" als verlässlicher Prädiktor geschäftlicher Zuversichtshaltung (vgl. Kieschke 2003). Starke Ausprägungen in dieser Dimension waren an eine optimistischere Prognose gebunden. Fügen wir in die Regressionsgleichung noch die Variable „Geschlecht" und einen Interaktionsterm ein, der überadditive Wechselwirkungen zwischen den

---

[2] Den Typus scheint z.B. der große Schriftsteller und Physiker G.C. Lichtenberg (1742-1799) verkörpert zu haben. In seinen Sudelbüchern vermerkt er nicht ohne Koketterie: „Ein Charakter: von allem nur das Schlimmste zu sehen, alles zu fürchten, selbst Gesundheit als einen Zustand anzusehen da man seine Krankheit nicht fühlt; ich glaube, keinen Charakter würde ich glücklicher durchsetzen können, als diesen." (Lichtenberg, SuB, Bd.I, S.742).

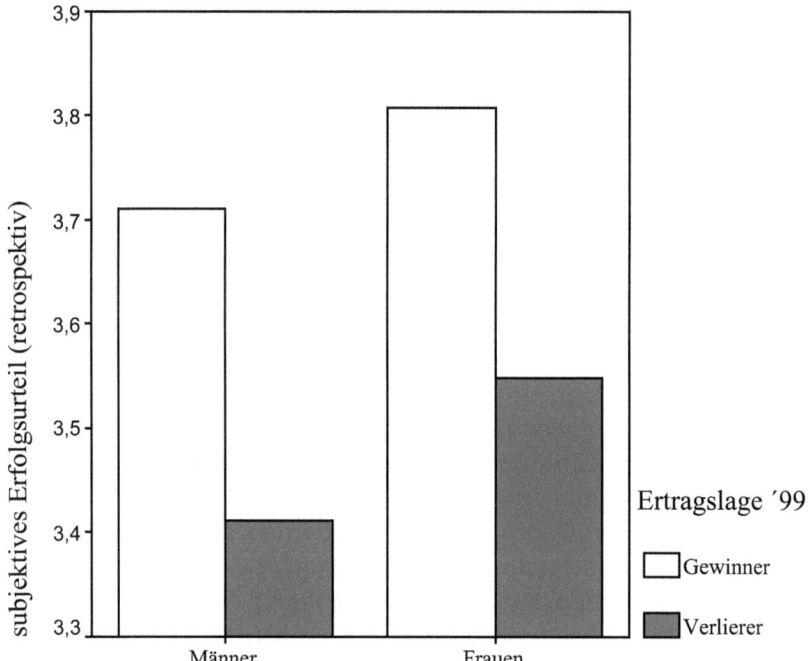

Abbildung 10.   Retrospektive Zufriedenheitsurteile in Abhängigkeit von Bilanzstatus und Geschlecht. Eine zweifaktorielle Varianzanalyse ent-
hüllt einen Effekt für die Variable „Bilanzstatus" [$F_{(1,325)}= 6.20$,
$p<.01$, $\eta^2=.02$], nicht aber für den Gruppierungsfaktor „Geschlecht"
[$F_{(1,325)}= 1.09$, $p>.05$; Wechselwirkungen treten nicht auf]

beiden Einzelgrößen beschreibt, steigert das die Erklärungsgüte des Mo-
dells. Geschlechtszugehörigkeit moderiert den Zusammenhang zwischen
Beharrlichkeit und Erfolgszuversicht (vgl. Tabelle 3 und Abbildung 11).
Soweit die statistische Auskunft. Wie jedoch ist sie in eine inhaltlich
schlüssige Befunddarstellung zu „verdolmetschen"? Mit größer werdenden
Beharrlichkeitswerten klettern die Zuversichtsscores bei Männern und
Frauen: „Je zielorientierter das eigene Handeln, desto optimistischer die
Erfolgseinschätzung" – so könnte man vielleicht sagen. Allerdings sind
dabei für die Geschlechter unterschiedliche Ausgangsniveaus und Stei-
gungsraten zu kalkulieren. Schon bei geringen Skalenwerten in Beharrlichkeit neigen Frauen zu einer stärker zuversichtlich gestimmten Einschätzung der Geschäftslage. Der Niveauunterschied zur Männerstichprobe
verkleinert sich mit ansteigenden Beharrlichkeitsscores; gemessen an „Zu-
versichtsgewinnen" profitieren die Männer nun deutlicher. Identischen

Zuwächsen an „Beharrlichkeit" entsprechen bei Männern und Frauen unterschiedliche Zuwächse an geschäftlichem Optimismus. Abweichungen in *retrospektiven* Urteilen übrigens lassen sich regressionsanalytisch durch die Variablen „Geschlecht" und „Beharrlichkeit" kaum aufklären. Insofern ist die obige Vermutung zu bekräftigen: Geschlechtsunterschiede haben für prospektive Erfolgsurteile eine größere Bedeutung als für rückbezügliche.

Tabelle 3.   Vorhersage subjektiver Erfolgszuversicht mittels moderierter Regression

Variablen	Nichtstandardisierte Regressionsgewichte B_i	Standardisierte Koeffizienten β_i	Signifikanz
Beharrlichkeit in der Zielverfolgung (BZ)	0.116	0.427	$p < .01$
Geschlecht (G)*	1.435	0.955	$p < .01$
Interaktionsterm (BZ x G)	−0.06	−0.937	$p < .01$
(Konstante)	*1.709*		*p < .01*

Modellanpassung: $R^2 = .133$; $F_{3,603} = 31.88$ $p < .01$

*Variablenkodierung: 0=Männer, 1=Frauen

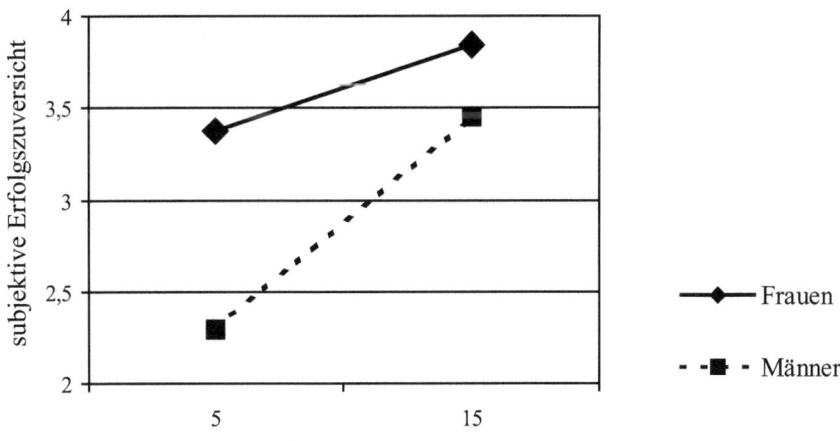

Beharrlichkeit in der Zielverfolgung

Abbildung 11.   Geschlechtsspezifik im Zusammenhang zwischen subjektiver Erfolgszuversicht und Beharrlichkeit

Noch ein paar Bemerkungen zu längsschnittlichen Entwicklungstrends. Aus der Fülle der Resultate gilt es auszuwählen. Wir wollen uns denn an dieser Stelle auf AVEM-bezogene Veränderungsaussagen konzentrieren. Was Untersuchungen in anderen Berufsgruppen erbrachten (vgl. Schaarschmidt und Fischer 2001; Kieschke 2003), findet in der Gründerstichprobe neuerlich Bestätigung: Die Häufigkeitsverteilungen der AVEM-Muster schichten sich längsschnittlich nur unwesentlich um. Die Datenlage im Jahre 2002 ähnelt weitgehend der des Jahres 2000 (vgl. Abbildung 12). Vor allem G- und A-Muster-Vertreter beherrschen das Bild. Der Trend zu massiver Selbstausbeutung (im Sinne des Typs A) verstärkt sich zwar etwas, – dieser prozentuale Zuwachs verfehlt indes genauso wie der leichte Rückgang von G- und B-Repräsentanten das Signifikanzkriterium. Was auf Musterebene zu beobachten ist, hat seine Entsprechung in den Veränderungstrends auf Skalenebene. Die Verschiebungen auch dort sind zumeist nur marginal. Mit zwei Ausnahmen: Die „Resignationstendenz" der Gründer sinkt, außerdem rutschen die Urteilswerte für „Lebenszufriedenheit" unter das Niveau der Ersterhebung.

Wir wollen bei der Frage nach längsschnittlichen Umverteilungen der AVEM-Muster kurz verweilen. Man muss hier nämlich bedenken, dass von der Ähnlichkeit der Endergebnisse (etwa Musterstatus „A") nicht schon auf eine Ähnlichkeit der Ausgangslagen gefolgert werden kann. Vorstellbar sind ja durchaus verschiedene Passagen (z.B. ein Typenwechsel von G nach A oder eben ein Verharren in der Risikokonstellation A)! Abbildung 12 ermöglicht da keinen näheren Aufschluss. Wenn genauso viele Personen von G nach A wandern wie umgekehrt, dann mitteln sich die „Nettoveränderungseffekte" in der Stichprobe aus (die Häufigkeitsbesetzungen der Cluster bleiben auf identischem Niveau). Aber hinter dieser scheinbaren Nichtänderung der Häufigkeitsverteilungen stecken ja fraglos unterschiedliche Entwicklungsverläufe! Solche gilt es nun genauer zu erkunden. Abbildung 13 zeichnet die wichtigsten individuellen Veränderungspfade über die 2 Jahre nach.

Zu unterstreichen bleibt vorab, dass Musterzugehörigkeit tatsächlich ein recht stabiles Personenmerkmal ist. 72% der längsschnittlich Befragten können noch 2002 adäquat mit der Typenkennung charakterisiert werden, die sie im Jahre 2000 trugen; Musterwechsel sind für weniger als ein Drittel der Untersuchten zu festzustellen (zur detaillierteren Erörterung dieser Stabilitätsunterschiede: Kieschke und Schaarschmidt 2003). Besondere Stabilität ist Cluster A zu bescheinigen. Im Selbstlauf schwindet die Neigung zur exzessiven Überbeanspruchung der eigenen Ressourcen bei

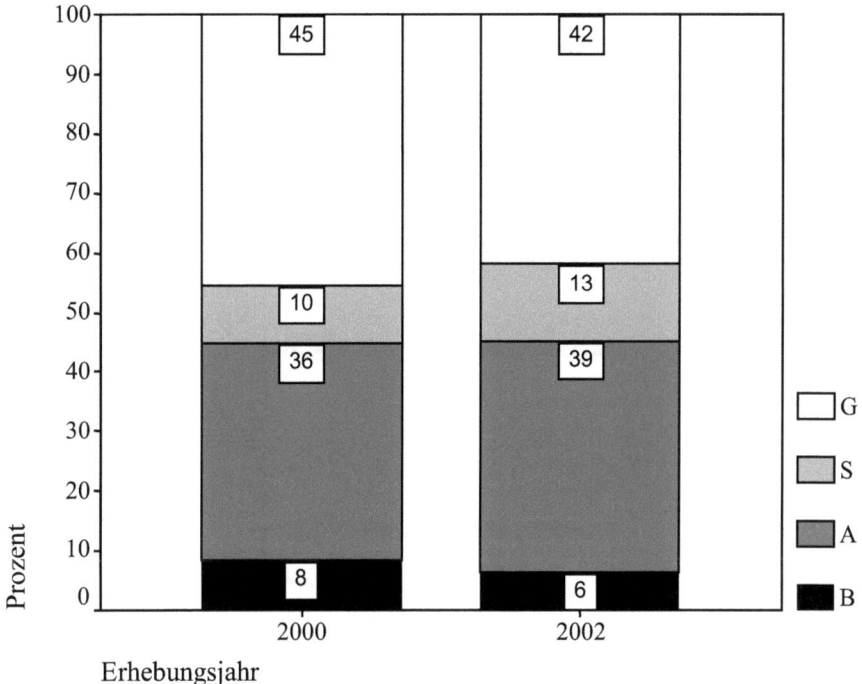

Abbildung 12. AVEM-Muster-Verteilung im längsschnittlichen Vergleich (n=225)

einer Großzahl der A-Repräsentanten offenbar kaum. Erfreulicherweise ist auch mit Merkmalsprofil G ein eher änderungsresistenter Verhaltensstil erfasst; die Mehrzahl der G-Diagnostizierten kann wiederum G zugeordnet werden. Wenn sich Musterbewegungen von G aus anbahnen, dann am häufigsten in Richtung A; umgedreht sind Passagen von A nach G noch am ehesten zu erwarten.

Dass wir bisher von geschlechtsspezifischen Veränderungseffekten geschwiegen haben, hat einen einfachen Grund: Es bestehen kaum welche. Die Trends, die für Skalen- und Musterebene skizziert wurden, zeigen sich für beide Geschlechter ähnlich. Es war z.B. oben davon die Rede, dass die Resignationstendenz in der Stichprobe generell schwächer wird. Die Werte verringern sich bei Männern und Frauen in etwa gleichem Umfang – was darauf hinausläuft, dass Frauen ihren „Vorsprung" in der Dimension behaupten. Der Befund aus der zweiten Erhebungswelle kommt mit dem aus der ersten zur Deckung: Männer sind frustrationstoleranter (ergo: weniger resignativ) als Frauen.

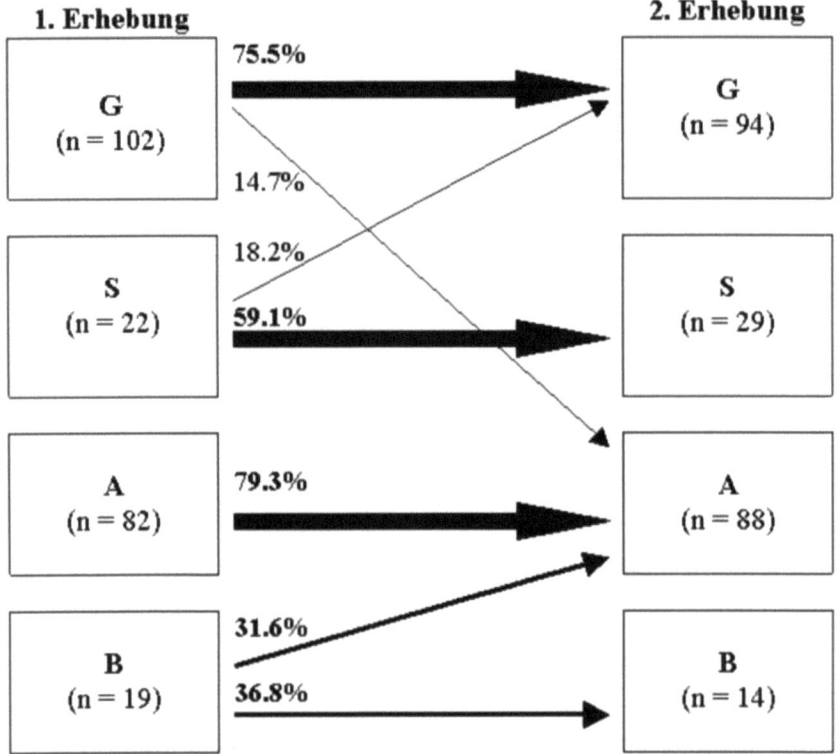

Abbildung 13. Mustergruppierungen im Längsschnitt. Für jedes Ausgangs-
cluster wurde neben dem Prozentsatz typstabiler Probanden die
am häufigsten beobachtete Musterdrift gekennzeichnet

5.6 Schlussbemerkungen

Das Fazit, das zu ziehen ist, nimmt sich ebenso lapidar wie diagnostisch
folgenreich aus: Die Suche nach Eignungskriterien für Unternehmer und
Unternehmerinnen hat verschiedenste Aspekte im wechselseitigen Zusammenhang zu berücksichtigen. Zu kurz griffe etwa die Auskunft, hohe
Anstrengungsbereitschaft und starkes Beharrungsvermögen seien Univer-
salfaktoren unternehmerischer Tüchtigkeit. Vielmehr bleibt genauer auszu-
loten, mit welchen „personalen Rücklagen" hier gewirtschaftet wird,
sprich: welche Ressourcen solches Engagement decken. Fühlt sich der
Gründer permanent überlastet, dürfte Anstrengungsbereitschaft das schwerlich auffangen, gar „neutralisieren" können. Je weiter sich die Schere öffnet
zwischen Ist und Soll, zwischen dem, was noch bewältigt werden kann,

und dem, was eigentlich zu leisten wäre, desto stärker wachsen Gesundheitsrisiken. Diese drohen aber auch bei ständiger Vernachlässigung von Erholungsbedürfnissen, also für den Fall, dass Arbeit Freizeit und privaten Ausgleich überproportional beschneidet. Auf Dauer kann gerade das die Handlungsfähigkeit im Beruf nachhaltig schwächen. Kurzum: Wir erachten es als wesentlich, dem Thema „Gesundheit" bei der Beratung von Gründungs-willigen neben Kriterien wie Qualifikation, Branchenerfahrung, Managementwissen etc. vermehrt Interesse zu schenken. Genau auf den Punkt zielt ja das diagnostische Vorgehen, das wir ausführlich geschildert haben: die Selbstbeurteilung per AVEM und Existenzgründer-Checkliste.

Der Schritt in die Selbstständigkeit birgt Chancen und Risiken. Die positiven Anreize des Vorhabens (eigenverantwortliches Arbeiten; Vielfalt der Anforderungen etc.) entfalten ihre Wirksamkeit nur in dem Maße, in dem es glückt, die vorhandenen Risiken zu beherrschen. Gründungswillige bei der Einschätzung von Chancen und Risiken zu unterstützen, ist nun ein Anliegen, das auch auf psychologischen Beiträgen aufbauen kann. Wir haben diesen Gedanken unter der Fragestellung vertieft, ob hier mit geschlechtsspezifischen Besonderheiten zu rechnen sei. Unsere Befunde legen nahe, das vorsichtig zu bejahen – und gleich ein „Aber" hinzuzufügen. Denn die Effekte sind nicht allzu groß, wenn auch zeitlich stabil: Frauen berichten über ein größeres Ausmaß an sozialer Unterstützung, bessere kommunikative Fertigkeiten und beschreiben sich als distanzierungsfähiger. Weniger vorteilhaft ist ein anderer Trend. Gründerinnen lassen sich offenbar leichter als Männer von Misserfolgen verunsichern (Frauen haben höhere Werte in der AVEM-Skala „Resignationstendenz" und geringere in der Checklist-Skala „Durchsetzungsfähigkeit"). Mit ökonomischen Erfolgswahrscheinlichkeiten hat der Faktor „Geschlecht" vorderhand wenig zu tun; Männer und Frauen sind in unserer Stichprobe gleichauf, was die Quote positiver Geschäftsbilanzen anbetrifft. Wir stießen aber auf geschlechtsabhängige Unterschiede in *subjektiven* Prognosen zur Unternehmensentwicklung. Obschon Gründerinnen schlechter als Gründer berufliche Rückschläge zu verkraften scheinen[3] (vgl. die beschriebenen Abweichungen in der „Resignationstendenz"), mangelt es keineswegs an Erfolgszuversicht. Sie ist bei ihnen sogar etwas stärker ausgeprägt als bei den befragten Männern. Die Urteilsdifferenzen schrumpfen allerdings mit

---

[3] Es sei daran erinnert, dass bei der Großzahl der befragten Gründerinnen und Gründer gravierende Bilanzeinbrüche bislang ausblieben (s.o.)!

ansteigenden Werten in der Skala „Beharrlichkeit"; Männer mit großem Beharrungsvermögen sind Frauen mit großem Beharrungsvermögen hinsichtlich der Erfolgsprognosen wieder sehr ähnlich.

Kernaussage unseres Beitrages also: Wenn von Unterschieden zwischen Gründern und Gründerinnen die Rede ist, dann hebt das lediglich auf Teilakzentuierungen ab, keineswegs aber auf eine *prinzipielle* Andersartigkeit im Herangehen an das Vorhaben „Geschäftsaufbau".

5.7   Literatur

Asendorpf, J.B. (1999): Psychologie der Persönlichkeit. Berlin Heidelberg: Springer.

Bischof, N.; Preuschoft, H. (Hrsg.) (1980): Geschlechtsunterschiede: Entstehung und Entwicklung. München: Beck.

Bobocel, D.R.; Meyer, J.H.P. (1994): The escalation of commitment to a failing course of action: Separating the role of choice and justification. Journal of Applied Psychology, 79(3), S. 360-363.

Brandstätter, H. (1997): Becoming an entrepreneur – a question of personality structure? Journal of Economic Psychology, 18, S. 157-177.

Brandstätter, H. (1999): Unternehmensgründung und Unternehmenserfolg aus persönlichkeitspsycho-logischer Sicht. In: Moser, K.; Batinic, B.; Zempel, J. (Hrsg.): Unternehmerisch erfolgreiches Handeln (S.155-172). Göttingen: Verlag für Angewandte Psychologie.

Brockner, J. (1992): The escalation of commitment to a failing course of action: Toward theoretical progress. Academy of Management Review, 17(3), 39-61.

Burisch, M. (1989): Das Burnout-Syndrom – Theorie der inneren Erschöpfung. Berlin, Heidelberg: Springer.

Cromie, S. (1987): Motivations aspiring male and female entrepreneurs. Journal of Occupational Behavior, 8, S. 251-261.

Feingold, A. (1994): Gender differences in personality: A meta-analysis. Psychological Bulletin, 116, S. 429-456.

Friedman, M.; Rosenman, R.H. (1974): Type A behavior and your heart. New York: Knopf.

Freudenberger, H. J. (1974): Staff burn-out. Journal of Social Issues, 30, S. 159-165.

Galais, N. (1999): Aufgeben oder Weitermachen? Geschlechtsspezifische Determinanten unternehmerischen Erfolgs. In: Moser, K.; Batinic, B.; Zempel, J. (Hrsg.): Unternehmerisch erfolgreiches Handeln (S.193-205). Göttingen: Verlag für Angewandte Psychologie.

Gallo, L. C.; Smith, T. W. (1999): Patterns of hostility and social support: Conceptualizing psychosocial risk factors as characteristics of the person and the environment. Journal of research in personality, 33, S. 281-310.

Golombok, S.; Fivush, R. (1994): Gender development. Cambridge: Cambridge University Press.

Halpern, D. F. (2000): Sex differences in cognitive abilities. 3rd Edition. Mahwah; New Jersey: Erlbaum.

Kieschke, U. (2003): Arbeit, Persönlichkeit und Gesundheit. Beiträge zu einer differentiellen Psychologie beruflichen Belastungsgeschehens. Berlin: Logos.

Kieschke, U.; Schaarschmidt, U. (2003). Bewältigungsverhalten als eignungsrelevantes Merkmal bei Existenzgründern. Ergebnisse einer Längsschnittstudie, Zeitschrift für Personalpsychologie, 2(3), 107-117

Knight, G. P.; Fabes, R. A.; Higgins, D. A. (1996): Concerns about drawing causal inferences from meta-analyses: An example in the study of gender differences in aggression. Psychological Bulletin, 119, S. 410-421.

Lichtenberg, G. C. (1994): Schriften und Briefe. 6 Bände. Hrsg. v. W. Promies. Frankfurt a.M.: Zweitausendeins.

Maslach, C. (1982): Understanding burnout: Definitional issues in analyzing a complex phenomenon. In: W. S. Paine (Ed.), Job, Stress and Burnout. Beverly Hills: Sage.

Miner, J. B. (1997): A psychological typology of successful entrepreneurs. Westport: Quorum books.

Mittag, O. (1999): Feindseligkeit als koronarer Risikofaktor: Zum gegenwärtigen Forschungsstand. Zeitschrift für Gesundheitspsychologie, 7(2), S. 53-66.

Moser, K.; Batinic, B.; Zempel, J. (1999): Unternehmerisch erfolgreiches Handeln. Einleitung und Überblick. In: Moser, K.; Batinic, B.; Zempel, J. (Hrsg.): Unternehmerisch erfolgreiches Handeln (S.3-14). Göttingen: Verlag für Angewandte Psychologie.

Myrtek, M. (1995): Type A behavior pattern, personality factors, disease, and physiological reactivity: A metaanalytic update. Personality and individual differences, 18, S. 491-502.

Richter, P.; Hille, B.; Rudolf, M. (1999): Gesundheitsrelevante Bewältigung von Arbeitsanforderungen. Zeitschrift für Differentielle und Diagnostische Psychologie, 20(1), S. 25-38.

Roberts, T. A. (1991): Gender and the influence of evaluations on self-assessments in achievement settings. Psychological Bulletin, 109, S. 297-308.

Rook, M. (1998): Theorie und Empirie der Burnout-Forschung. Hamburg: Kovacs.

Rubin, J. Z.; Provenzano, F. J.; Luria, Z. (1974): The eye of the beholder: Parents' view on sex of newborns. American Journal of Orthopsychiatry, 44, S. 512-519.

Ruble, D. N.; Greulich, F.; Pomerantz, E. M.; Gochberg, B. (1993): The role of gender-related processes in the development of sex differences in self-evaluation and depression. Journal of Affective Disorders, 29, S. 97-128.

Sarason, B. R.; Sarason, I. G.; Pierce, G. R. (Eds.) (1990): Social support: An interactional view. New York: Wiley.

Schaarschmidt, U.; Fischer, A. W. (1996): AVEM – Arbeitsbezogenes Verhaltens- und Erlebensmuster. Frankfurt/M.: Swets und Zeitlinger. Computervision im Rahmen des Wiener Testsystems. Wien/Mödling: Schuhfried.

Schaarschmidt, U.; Fischer, A. W. (1997): AVEM – ein diagnostisches Instrument zur Differenzierung von Typen gesundheitsrelevanten Verhaltens und Erlebens gegenüber der Arbeit. Zeitschrift für Differentielle und Diagnostische Psychologie, 18 (3), S. 151 – 163.

Schaarschmidt, U.; Fischer, A. (2001): Bewältigungsmuster im Beruf. Göttingen: Vandenhoeck und Ruprecht.

Schaarschmidt, U.; Groth, C.; Kieschke, U.; Spörer, N. (2000): Checkliste für Existenzgründer. Potsdam: Institut für Psychologie.

Schaarschmidt, U.; Kieschke, U.; Fischer, A. W. (1999): Beanspruchungsmuster im Lehrerberuf. Psychologie in Erziehung und Unterricht 46 (4), S. 244-268.

Schröder, H. (1992): Emotionen – Persönlichkeit – Gesundheitsrisiko. Psychomed – Zeitschrift für Psychologie in der Praxis, 4/2, S. 81-85.

Schwarzer, R.; Leppin, A. (1989): Sozialer Rückhalt und Gesundheit. Göttingen: Hogrefe.

Schwenkmezger, P. (1994): Gesundheitspsychologie: Die persönlichkeitspsychologische Perspektive. In: Schwenkmezger, P.; Schmidt, L.R. (Hrsg.): Lehrbuch der Gesundheitspsychologie (S.47-64). Stuttgart: Enke.

Siegrist, J. (1991): Contributions of sociology to the prediction of heart disease and their implications for public health. European Journal of Public Health, 1, S. 10-21.

Signorella, M.L.; Bigler, R.S.; Liben, L.S. (1993): Developmental differences in children's gender schemata about others: A meta-analytic review. Developmental Review, 13, S. 147-183.

Die KfW Bankengruppe. Markenzeichen für Zukunft.

Die KfW Bankengruppe gibt weltweit Impulse für Wirtschaft, Politik und Gesellschaft. Als Banker arbeiten wir jeden Tag effizient. Als Förderer stehen wir für den Sinn und die Nachhaltigkeit unseres Tuns. Dabei fließt der Verdienst unserer Arbeit zurück in die Förderung und die langfristige Sicherung unseres Förderpotenzials. Als einfallsreiche Bank fördern wir nicht nur Innovationen, sondern entwickeln selbst verstärkt neue Finanzierungsinstrumente für unsere Kunden und Partner. Unsere Kompetenz und Erfahrung bündeln wir in fünf starken Marken.

Die KfW Förderbank: Sie ist die richtige Adresse für alle Maßnahmen der Produktbereiche Bauen, Infrastruktur, Bildung, Soziales und Umwelt. Durch zinsgünstige Kredite fördern wir den Wunsch vieler Bürger nach privatem Wohneigentum genauso wie den Willen zu umweltbewussten Modernisierungsmaßnahmen. Als KfW Förderbank unterstützen wir ebenfalls Unternehmen, die in Umwelt- und Klimaschutz investieren, kommunale Infrastrukturmaßnahmen sowie Aus- und Weiterbildung.

Die KfW Mittelstandsbank: Der Name ist Programm. So konzentrieren wir hier alle unsere Förderaktivitäten für Gründer und mittelständische Unternehmen. Zum einen sind das die klassischen, langfristigen Kredite, zum anderen sind es innovative Programme, deren Ziel es ist, die Eigenkapitalbasis der Unternehmen zu stärken. Beides offerieren wir unseren Kunden über deren Hausbanken. Zielorientierte Beratung gehört selbstverständlich zum Geschäft.

Die KfW IPEX-Bank: Unsere Export- und Projektfinanzierung tritt unter dem Dach der KfW Bankengruppe als KfW IPEX-Bank auf. Sie ist eine eigenständige Geschäftsbank und agiert kunden- und wettbewerbsorientiert zu marktüblichen Bedingungen. International tätigen Unternehmen steht sie als langfristiger, verlässlicher Partner mit passgenauen Finanzierungen zur Seite. Ihren eigenen Erfolg misst die KfW IPEX-Bank am Erfolg ihrer Kunden.

Die KfW Entwicklungsbank: Im Auftrag der Bundesregierung finanziert sie Investitionen und Beratungsleistungen in Entwicklungsländern. Dabei arbeitet sie in der Regel mit staatlichen Institutionen in den entsprechenden Ländern zusammen. Ihr Ziel ist der Auf- und Ausbau einer sozialen und wirtschaftlichen Infrastruktur, die Schaffung leistungsfähiger Finanzinstitutionen, aber auch die Sicherung von Ressourcen und einer gesunden Umwelt.

Die DEG: Als Partner der Privatwirtschaft unterstützt sie Unternehmen, die in Entwicklungs- und Reformländern investieren wollen. Gefördert werden rentable, umweltverträgliche und entwicklungswirksame Projekte in allen Wirtschaftssektoren. So schafft sie die Grundlage für nachhaltiges Wirtschaftswachstum – und eine Verbesserung der Lebensqualität für die Menschen vor Ort.

Die KfW Bankengruppe hat sich darüber hinaus zum strategischen Partner von Wirtschaft und Politik entwickelt. Als Berater des Bundes liefern wir das Know-How bei der Privatisierung von Bundesunternehmen. In seinem Auftrag führen wir auch die Bundesanstalt für vereinigungsbedingte Sonderaufgaben (BvS) und die Entschädigungseinrichtung der Wertpapierhandelsunternehmen.

If you have any concerns about our products,
you can contact us on
ProductSafety@springernature.com

In case Publisher is established outside the EU,
the EU authorized representative is:
Springer Nature Customer Service Center GmbH
Europaplatz 3, 69115 Heidelberg, Germany

Printed by Libri Plureos GmbH
in Hamburg, Germany